KB054124

1억 노트

5년 안에 1억 만드는 단계별 플랜

1억노트

초판 1쇄 2019년 1월 10일

지은이 정환용
펴낸이 전호림
책임편집 김은지
마케팅 박종욱 김혜원

펴낸곳 매경출판㈜
등록 2003년 4월 24일(No. 2-3759)
주소 (04557) 서울시 중구 충무로 2 (필동1가) 매일경제 별관 2층 매경출판㈜
홈페이지 www.mkbook.co.kr
전화 02)2000-2630(기획편집) 02)2000-2636(마케팅) 02)2000-2606(구입 문의)
팩스 02)2000-2609 **이메일** publish@mk.co.kr
인쇄 · 제본 ㈜M-print 031)8071-0961
ISBN 979-11-5542-945-7(03320)

책값은 뒤표지에 있습니다.
파본은 구입하신 서점에서 교환해 드립니다.

이 도서의 국립중앙도서관 출판예정도서목록(CIP)은 서지정보유통지원시스템 홈페이지(http://seoji.nl.go.kr)와 국가자료공동목록시스템(http://www.nl.go.kr/kolisnet)에서 이용하실 수 있습니다.
(CIP제어번호: CIP2018042261)

1억노트

The 100 Million Note

1억 노트

자본주의 사회에서

자신감은 '통장 잔고'에서 나온다.

1억 노트

✦ 당신의 통장에 지금 1억이 있다면 무엇을 하고 싶은가요?

✦ 1억이 당신의 삶을 어떻게 바꿀 것 같나요?

앞의 질문에 대한 답이 당신이 1억을 만들어야 하는 이유입니다.

그렇다면 1억은 어떻게 만들어야 할까요?

악착같이 아끼고 무조건 모은다? 1억을 만드는 동안 삶이 피폐해질 수 있습니다. 또한 그렇게 모은 1억은 아무짝에도 쓸모가 없습니다. 돈과 투자에 대한 개념을 잡지 못했기 때문이죠. 오히려 눈먼 돈으로 인해 다양한 리스크를 겪게 될 수 있습니다.

하지만 돈과 투자에 관한 나만의 원칙을 세우고 지키며 1억을 모은다면 어떨까요? 올바른 소비방법과 현명한 투자를 공부하면서 차근차근 모은 1억은 인생을 바꿀 가치 있는 돈이 될 것입니다.

'가치 있는 1억'은 돈이 돈을 낳는 시스템을 만들고, 살면서 만날 크고 작은 인생의 기회를 가난 때문에 놓치지 않도록 도와줄 것입니다.

이 책이 당신에게 '눈먼 돈 1억'이 아닌 '가치 있는 1억'을 만들어 줄 수 있기를 바랍니다.

정환용

가치 있는 1억을 만들

______________ 에게

이 책을 효율적으로 사용하는 방법

1. 책을 항상 지니고 다닌다

책에는 매일 기록해야 할 것들이 있습니다. 퇴근 후 집에서 적을 수도 있지만 각종 모임과 회식을 핑계로 하루 이틀 건너뛰다 보면 어느새 방구석 어딘가에 방치된 책을 발견할 것입니다. 항상 지니고 다니면서 그때그때 적는 습관이 1억에 가까워지는 길이 되어줄 것이라는 사실, 잊지 마세요.

2. 1년마다 향후 단계를 예습할 수 있는 추천 책을 읽는다

추천 책을 꼭 읽어야 원활한 1억 모으기가 가능합니다. 각 투자 방법별로 가벼운 설명은 있지만, 독자가 직접 적어가며 읽는 책의 특성상 자세한 설명은 추천 책을 읽어야합니다. 재테크의 바이블 같은 책들이니 읽는다면 큰 도움이 될 것입니다.

3. 정해진 단계를 굳이 밟아나가지 않아도 된다

책에서는 각 단계마다 다른 투자 방법을 알려줍니다. 1년차에는 자가진단과 저축을, 2년차에는 채권, 3년차에는 펀드, 4년차에는 ETF, 5년차에는 국내주식을 다룰 예정입니다. 가급적 책의 방향을 따라가는 것이 좋으나 해당 연차에서 알려주는 투자가 자신과 맞지 않다면 과감히 다음 단계로 넘어가도 됩니다.

4. 책의 궁극적인 목표는 1억이 아니다

표면적인 목표는 5년 간 1억을 모으는 것이지만, 이는 개인 사정에 따라 달라질 수 있습니다. 궁극적인 목표는 올바른 소비습관과 현명한 투자 방법, 투자 실력의 증진입니다. 이 책을 통해 평생 투자와 재테크의 기틀을 마련하길 바랍니다.

1년차

✦ 자가진단 & 저축 ✦

SAVING

✦ 1년차 추천도서

《난생처음 재테크》

정환용 저 / 매일경제신문사 / 2017

제목 그대로 재테크를 처음 시작하는 사람들을 위한 입문서입니다. 카드뉴스 형식으로 쉽게 풀어냈습니다. 1년차에서는 이 책의 주요 내용을 바탕으로 소비패턴 조절과 저축 방식을 소개합니다. 특히 1년차에 참고해야 할 부분이 많으므로 꼭 읽어보시길 바랍니다.

*** 이 부분은 꼭 읽자!**

PART 9, 10, 14, 16, 17, 21, 22, 31, 55, 69, 70, 81

나를 알고 돈을 알면, 돈이 제 발로 들어온다

지금까지 수천 명을 상담해 본 결과, 자신의 소득과 지출을 정확하게 파악하고 있는 사람은 매우 드물었습니다. '지피지기 백전불태'라고 했죠? 본인의 현 상태를 정확히 파악하는 것만으로도 어떤 점이 문제이며, 어떤 식으로 고쳐나가야 할지 알 수 있습니다. 그럼 이제 정확하게 나를 파악하는 것으로 1억의 첫발을 내딛어 볼까요?

- **자가진단 체크리스트**

월 소득		급여소득, 사업소득, 기타소득
지출	줄이면 좋은 변동비	통신비(소액결제 제외), 교통비(택시비 제외), 공과금, 경조사, 부모님 용돈
	줄여야 할 고정비	월세, 전세자금 혹은 주택담보 대출이자, 학자금 혹은 신용대출이자
	늘려야 할 고정비	적금, 펀드, 주식, 청약, 장기저축, 대출원금 상환
	필요한 고정비	보험, 기부
	생활비 (위의 항목을 제외한 모든 비용)	소액결제, 택시비, 식비, 자기계발비, 문화생활비, 유흥비 등

◆ 나의 현 재무상태 (해당 항목별 금액을 적어보세요.)

월 소득(세후) total ₩

지출	줄이면 좋은 변동비 ₩		₩
			₩
			₩
			₩
	줄여야 할 고정비 ₩		₩
			₩
			₩
			₩
	늘려야 할 고정비 ₩		₩
			₩
			₩
			₩
	필요한 고정비 ₩		₩
			₩
			₩
			₩
	생활비 ₩		₩
			₩
			₩
			₩
			₩
			₩
			₩
			₩
			₩

✦ 줄이기 우선순위

① 대출이자

은행의 저축 이자로는 대출 이자를 따라잡기 힘듭니다. 따라서 대출이자가 4% 이상이라면 저축보다 대출 상환을 우선순위에 두는 것이 좋습니다. 또한 지나치게 고금리로 대출을 받은 경우에는 전환대출도 고려해야 합니다.

② 월세

월세보다는 전세가 무조건 좋습니다. 돈이 부족하면 전세자금대출을 이용하면 됩니다. 전세자금대출 이자가 월세보다 저렴하기 때문에 월세로 살고 있다면 전세로 옮기는 것을 추천합니다.

③ 생활비

소액결제, 택시비가 한 달에 5만 원 이상이라면 상당히 문제가 있는 것입니다. 이 부분은 무조건 줄이는 것이 좋습니다. 또한 월급 대비 생활비를 많이 쓰고 있지는 않은지 확인해야 합니다.

※ 1년차에 수록 된 정센세 가계부를 작성하여 소액결제·택시비·순수생활비를 확인해 봅시다.

④ 통신비

데이터 무제한 요금제에 기기값을 더하면 월 10만 원 정도의 통신비를 지출하게 됩니다. 통신사 혜택 대비 요금이 비싼 것 같다면 알뜰 통신사를 고려해보는 것도 좋은 방법 중 하나입니다

매달 10만 원의 통신비를 지출하는 사람이 알뜰통신사로 변경하면 최소 3만 원에서 최대 5만 원까지 통신비를 줄일 수 있습니다. 1년이면 최대 60만 원 절약이 가능하다는 사실!

⑤ 부모님 용돈

민감한 문제일 수도 있으나, 부모님이 경제적으로 여유가 있다면 부모님 용돈은 최소화하고 본인의 자산을 모으는 것이 좋습니다. 부모님께 용돈 드린다며 본인 돈 못 모으고 결혼할 때 손 벌릴 건가요?

※ 저축에 부담되지 않는 선에서의 용돈, 불가피한 생활비 지원은 말리지 않습니다.

✦ 절약의 기본은 생활비를 잡는 것

자가진단 체크리스트를 통해 현 재무상태 파악이 끝났다면, 점검을 해봅시다. 주로 줄여야 할 변동·고정 지출에서 문제점이 보이겠죠? 그 부분에 문제가 없다면, 답은 생활비입니다.

생활비는 기본적으로 미혼·기혼 여부 등 개인적인 상황에 따라 편차가 있으며, 대부분 다른 사람이 생활비로 얼마 정도를 쓰는지 모르기 때문에 내가 많이 쓰는지, 적게 쓰는지 판단하기 애매합니다. 그래서 개인적인 상황은 제외한 상태에서 월 소득을 기준으로 생활비 평균 기준을 세웠습니다.

- **참고용 월 소득별 생활비(20대 싱글 기준)** 단위: 만 원

월 소득 150~199	생활비 40~60
월 소득 200~249	생활비 60~80
월 소득 250~299	생활비 80~90
월 소득 300~349	생활비 90~100
월 소득 350~400	생활비 100~110

낮은 소득 구간의 경우 위 생활비를 유지해야만 소득의 절반가량 저축이 가능합니다. 높은 소득 구간의 경우 생활비에 대한 제약이 비교적 자유로우나, 한번 늘어난 소비 습관은 줄이기 어렵기 때문에 정해진 기준에 맞춰 소비하는 습관을 들여야 합니다.

즉, 높은 소득 구간일수록 소비 절제가 상당히 중요하며 이는 곧 저축으로 이어집니다. 이 점을 참고하여 본인의 상황에 맞는 생활비 기준을 세우길 바랍니다.

- **자가진단에 따른 나의 문제점과 해결 방안**

ex. 소액결제 비용이 상당히 많다. 월 10만 원 정도이므로 5만 원 수준으로 줄여야겠다.

·

·

·

·

본격 생활비 조절 프로젝트 '3개월의 기적'

여러분이 체크리스트를 통해 깨달은 문제점 중 대부분이 생활비와 관련되어 있을 것입니다. 생활비를 너무 많이 써서, 생활비가 들쑥날쑥해서 정확한 계획을 세우기 힘들지 않았나요? 생활비가 문제가 되는 이유는 본인의 의지대로 통제하기가 어렵기 때문입니다. 아래의 생활비 조절 프로젝트를 제대로 실천한다면 단 3개월 만에 생활비 통제가 가능합니다.

✦ 1단계: 통장과 카드를 쪼개자

생활비를 조절하기 위해선 먼저 통장과 카드를 분류해야 합니다.

① 통장 나누기

1) 급여, 자동이체, 생활비, 비상금 총 4가지 통장을 준비

2) 자동이체(통신비, 저축 등)는 모두 자동이체 통장으로 통일

3) 생활비는 일주일 단위로 책정하여 생활비 통장에 입금

4) 나머지 생활비는 비상금 통장으로 입금
5) 일주일이 지나면 비상금 통장에서 다시 생활비 통장으로 일주일치 생활비 입금

※ '일주일' 단위로 생활비를 입금하는 것이 포인트!

② 카드 나누기

통장 나누기가 어렵다면 카드 나누기를 추천합니다. 물론 둘을 병행한다면 더욱 효과가 높겠죠? 데이트/생활비/쇼핑(미혼의 경우), 개인용돈/공동생활비/쇼핑(기혼의 경우)으로 나눈 후 한 달 사용 금액을 책정합니다. 책정된 금액을 입금하여 정해진 금액에 맞게 사용합니다.

♦ 2단계: 사소한 소비습관부터 다듬자

① ㅇㅇ페이 쓰지 않기

간편함은 소비를 조장하고 번거로움은 소비를 억제합니다. ㅇㅇ페이로 인해 결제가 너무 간편해진 요즘, 당신의 소비도 간편해지지 않았나요?

② 생활비 카드 외 카드(보안카드 포함) 들고 다니지 않기

생활비를 일주일 단위로 쪼개도 잘 안 지켜지죠? 그 이유는 다른 카드도 함께 들고 다니기 때문입니다. 생활비 카드를 다 써도 다른 카드로 결제하고 있는 당신의 모습이 보이지 않나요?

③ 신용카드는 되도록 쓰지 않기

신용카드는 저축의 가장 큰 적이며 소비의 가장 친한 친구입니다. 신용카드는 되도록 쓰지 않는 것이 좋으며, 만약 사용해야 한다면 한도를 낮게 잡고 사용하길 권장합니다.

④ 가계부 작성 후 순수생활비 점검하기

많은 사람들이 가계부를 쓰고 있습니다만 대다수의 사람들이 단순히 '가계부를 쓰는 것'에만 그칩니다. 가계부를 쓰는 것은 내 소비 패턴을 점검하고 고치기 위함입니다. 뒤에 나올 정센세 가계부를 통해 '순수생활비'를 확인하고 매달 조금씩 줄여보세요.

⑤ 소비보다 저축이 우선이다

월급이 들어오면 무조건 저축부터 합니다. 생활비를 5만 원 줄이고 싶다면 5만 원 더 저축해 놓습니다. 사람은 환경에 적응하기 때문에 돈이 없으면 없는 대로 있으면 있는 대로 어떻게든 살아갑니다. 항상 우선순위는 저축입니다.

⑥ 그 밖의 Tip

- 이사 시 장기수선충당금 돌려받기
- TV가 없다면 전기요금과 함께 부과되는 TV수신료(2,500원) 해지 신청하기
- 자동차세 선납하고 할인받기

✦ 3단계: 3개월 목표 생활비 설정하기

현재 생활비	목표 생활비
과거 3개월 평균 ₩________	1개월 ₩________ 2개월 ₩________ 3개월 ₩________

① 목표 생활비 설정 시 유의사항

첫 달부터 의욕과다로 너무 빡빡하게 생활비를 잡지 맙시다.

재테크는 100m 달리기가 아니라 오래달리기라는 점을 명심하고 천천히 줄여나가는 것이 바람직합니다. 직전 3개월 생활비 평균에서 10~20만 원 줄이는 것으로 첫 달을 시작하세요.

3개월까지 꾸준하게 실천하며 달린다면, 올바른 소비습관이 정착할 것입니다. 빠르게 달리지 않아도 꾸준히 오래 달리면 결국 목표까지 도달하게 됩니다. 포기하지 말고 도전합시다.

② 2030을 직접 상담해 본 결과

많이 쓰는 사람은 써도써도 생활비가 부족하다고 하지만, 적게 쓰는 사람은 생활비에 대한 불평보다는 저축을 어떻게 더 늘릴까 고민을 합니다. 당신은 어떤 케이스인가요?

생활비를 많이 쓴다 ⟶ 90% 이상 신용카드

생활비를 적게 쓴다 ⟶ 90% 이상 체크카드

현 재무 상태

월 소득 (세후) total ₩________

지출 total ₩________

줄이면 좋은 변동비 ₩________

① ________ ₩________

② ________ ₩________

③ ________ ₩________

줄여야 할 고정비 ₩________

① ________ ₩________

② ________ ₩________

③ ________ ₩________

늘려야 할 고정비 ₩________

① ________ ₩________

② ________ ₩________

③ ________ ₩________

필요한 고정비 ₩________

① ________ ₩________

② ________ ₩________

③ ________ ₩________

생활비 ₩________

① ________ ₩________

② ________ ₩________

③ ________ ₩________

실천 가능한 목표 재무상태

월 소득 (세후) total ₩________

지출 total ₩________

줄이면 좋은 변동비 ₩________

① ________ ₩________

② ________ ₩________

③ ________ ₩________

줄여야 할 고정비 ₩________

① ________ ₩________

② ________ ₩________

③ ________ ₩________

늘려야 할 고정비 ₩________

① ________ ₩________

② ________ ₩________

③ ________ ₩________

필요한 고정비 ₩________

① ________ ₩________

② ________ ₩________

③ ________ ₩________

생활비 ₩________

① ________ ₩________

② ________ ₩________

③ ________ ₩________

소비의 즐거움이 아닌 저축의 즐거움을 찾아서

여러분이 가장 쉽게 접하고 많이 하는 저축! 요즘처럼 이자가 낮은 때에는 의욕이 생기지 않죠? 즐겁게 저축할 수 있는 다섯 가지 방법을 소개합니다.

✦ 저축의 즐거움을 느끼는 방법 Best 5

① 캘린더 적금

1일엔 1,000원, 2일엔 2,000원··· 31일은? 31,000원 저축! 매달 반복하며 1년을 채우면 무려 573만 8,000원이 모입니다. 캘린더 적금은 매일 저축하는 습관을 들일 수 있다는 장점이 있고, 달력을 통해 일별 저축금액과 소비금액을 한눈에 비교할 수 있습니다.

② 작심삼일 적금

월요일 1만 원, 화요일 2만 원, 수요일 3만 원 저축! 목,금,토,일은 포기! 매주 반복하면 한 달에 24만 원, 1년이면 288만 원을 모을 수 있습니다.

③ 52주 적금

1년은 52주입니다. 매주 조금씩 저축금액을 올리는 52주 완성 적금! 첫 주에는 1,000원, 둘째 주에는 2,000원, 셋째 주에는 3,000원… 마지막 52주는? 5만 2,000원을 저축할 수 있습니다. 꾸준히 유지하다보면 137만 8,000원이 모인답니다.

④ 동전 레이스

자투리 동전을 돼지저금통으로! 친구들끼리 똑같은 모양의 저금통을 사서 동전을 모아봅니다. 6개월 혹은 1년 뒤 같은 날에 저금통을 개봉하는 거죠. 금액이 많지는 않겠지만 함께하다 보면 즐겁게 모을 수 있을 것입니다.

⑤ 풍차적금

6개월 만기 적금을 1월부터 6월까지 총 6개 개설합니다. 첫 달은 10만 원을 저축하고, 두 번째 달에 6개월 만기 적금을 새로 개설한 뒤 총 2개 적금에 각각 10만 원 저축(20만 원), 세 번째 달도 6개월 만기 적금 개설하고 총 3개 적금에 각각 10만 원 저축(30만 원)…. 저축 시작 후 6개월 뒤부터 매달 만기의 기쁨을 누릴 수 있습니다. 저축액을 천천히 늘리고 싶거나 저축을 처음 시작하는 분들에게 추천합니다. 매달 줄어드는 생활비를 풍차적금으로 저축하는 것 역시 좋은 방법입니다.

• (예시) 풍차적금 리스트

단위: 만 원

1개월 ₩ 10 — 월 저축금액 ₩ 10

2개월 ₩ 10 ₩ 10 — 월 저축금액 ₩ 20

3개월 ₩ 10 ₩ 10 ₩ 10 — 월 저축금액 ₩ 30

4개월 ₩ 10 ₩ 10 ₩ 10 ₩ 10 — 월 저축금액 ₩ 40

5개월 ₩ 10 ₩ 10 ₩ 10 ₩ 10 ₩ 10 — 월 저축금액 ₩ 50

6개월 ₩ 10 ₩ 10 ₩ 10 ₩ 10 ₩ 10 ₩ 10 — 월 저축금액 ₩ 60

7개월 ₩ 10 ₩ 10 ₩ 10 ₩ 10 ₩ 10 — 월 저축금액 ₩ 50

8개월 ₩ 10 ₩ 10 ₩ 10 ₩ 10 — 월 저축금액 ₩ 40

9개월 ₩ 10 ₩ 10 ₩ 10 — 월 저축금액 ₩ 30

10개월 ₩ 10 ₩ 10 — 월 저축금액 ₩ 20

11개월 ₩ 10 — 월 저축금액 ₩ 10

만기금액

7월 ₩ 60 8월 ₩ 60 9월 ₩ 60 10월 ₩ 60 11월 ₩ 60 12월 ₩ 60

풍차적금 총 만기금액 ₩ 360

♦ 바른 소비 습관의 기본 '가계부'

재테크 좀 한다하는 사람들의 공통점은 바로 가계부를 쓰는 것입니다. 가계부가 중요한 이유는 월마다 나의 현금흐름을 확인하고 잘못된 점이 있다면 즉시 바로잡을 수 있기 때문이죠.

가계부가 매월 쌓여가면 본인의 재테크가 점점 발전하는지, 정체되어있거나 퇴보되는 것은 아닌지 판단할 수 있는 밑거름이 되므로 꼭 꾸준히 쓰기를 추천합니다.

※ 소비지출의 신용카드·체크카드·현금은 저축 및 투자와 고정지출을 뺀 상태에서 쓴 금액으로 통신비, 대중교통비, 경조사비, 생활비 등의 총 금액입니다.

※ 별표가 없는 부분은 대부분 고정비 혹은 어쩔 수 없는 부분이기 때문에 줄이기 힘들지만, 별표 친 부분은 노력 여하에 따라 줄일 수 있으므로 점점 줄여나가도록 노력해야 합니다.

※ 순수생활비 계산 시 고정지출로 나간 금액은 빼고 계산하세요. 순수생활비를 줄이는 것이 정센세 가계부의 핵심입니다. 꼭 매달 비교해서 줄여나가세요.

※ 소득에 알맞게 썼다면

<u>소득</u> = <u>저축 및 투자 + 고정지출 + 변동지출 + 순수생활비</u>

A B

A 〈 B 라면 지출이 소득을 초과한 마이너스 생활을 한 것이고, A 〉 B 라면 지출 대비 소득에서 여유자금이 남아 있겠죠?

• (예시) 정센세 가계부

단위: 만 원

상반기					1월
IN 소득	급여/사업소득				220
	인센티브				
	기타소득				
	합계				220
OUT 지출	OUT1	저축 및 투자	단	비상금	
				예·적금	40
			중	펀드	20
				주식	20
				기타	
			장	주택청약	5
				목돈마련	20
				개인 연금	
		합계			105
		고정지출	주거	*월세	
				*공과금	5
			부채	*대출이자	20(전세금)
				대출원금	
			보험	손해보험	13
			기타		
		합계			38
	OUT2	변동지출	교통비	*주유	
				대중교통	10
				**택시비	
			통신비	핸드폰	8
				소액결제	5
			기타	경조사	10
		합계			33
		소비지출	**신용카드	사용액	35
				할부금	
			현금	체크카드	25
				현금	12
		합계			72
		순수생활비	(소비지출+택시비+소액결제)−변동지출		44

✦ 1년을 정리하자. '머니정산'

소비·저축 달력은 매일 작성함으로써 하루하루를 평가합니다. 가계부는 매월 작성함으로써 지나온 한 달을 평가합니다. 머니정산은 1년마다 작성함으로써 한 해를 마무리합니다.

이제 막 입사한 사회초년생이라면 첫 월급 시점부터 1년을 기준으로 잡습니다. 사회초년생이 아니라면 새해부터 혹은 본인이 정한 임의의 날짜를 기준으로 잡습니다.

※ 머니정산에는 1년간의 총 소득, 저축, 고정·소비 지출을 적는다.

※ 저축금액에서의 단기는 적금 등 1~3년 정도의 짧은 기간의 저축, 중기는 4~9년, 장기는 연금 등의 10년 이상을 바라보는 저축을 의미한다.

※ 고정지출에서 통신비는 소액결제를 제외한 금액. 소액결제는 '소비지출'에 해당함.

• (예시) 머니정산 사용법

단위: 만 원

date 2018. 01. 01 ~ 2018. 12. 31 ○ 시작 자산 1,250 ○ 현재 자산 2,100

1년 세부표

○ 소득금액 : 급여 2,640, 상여 260, 성과 300, 기타 0

○ 저축금액 : 단기 480, 중기 240, 장기 300, 기타 200

○ 고정지출 : 통신 96, 교통 120, 보험 156, 대출이자/월세 240, 기타 60

○ 소비지출 : 소득금액 3,200 - (저축금액 1,460 + 고정지출 672)

1년 종합표

○ 총 소득금액 : ₩ 3,200

○ 총 저축금액 : ₩ 1,460

○ 총 고정지출 : ₩ 672

○ 총 소비지출 : ₩ 1,068

월별 평균표

○ 월별 평균 소득금액 : 총 소득금액 ÷ 12 = ₩ 266.6

○ 월별 평균 저축금액 : 총 저축금액 ÷ 12 = ₩ 121.6

○ 월별 평균 고정지출 : 총 고정지출 ÷ 12 = ₩ 56

○ 월별 평균 소비지출 : 총 소비지출 ÷ 12 = ₩ 89

머니정산 감상평

월급만 받을 때는 내 순수생활비가 44만 원 정도지만 상여금이나 성과금을 받는 달에는 조금 많이 쓰는 편이다. 7월에는 여행도 다녀와서 평균적으로 한 달에 89만 원이라는 큰 금액을 소비했다. 내년에는 월 평균 소비지출을 줄여서 월 평균소득의 절반을 저축 목표로 삼겠다!

✦ 매일 적는 소비·저축달력

월

Sun	Mon	Tue
○ 저축 ○ 소비	○ 저축 ○ 소비	○ 저축 ○ 소비
○ 저축 ○ 소비	○ 저축 ○ 소비	○ 저축 ○ 소비
○ 저축 ○ 소비	○ 저축 ○ 소비	○ 저축 ○ 소비
○ 저축 ○ 소비	○ 저축 ○ 소비	○ 저축 ○ 소비
○ 저축 ○ 소비	○ 저축 ○ 소비	○ 저축 ○ 소비

Wed	Thu	Fri	Sat
	○ 저축 ○ 소비	○ 저축 ○ 소비	○ 저축 ○ 소비
	○ 저축 ○ 소비	○ 저축 ○ 소비	○ 저축 ○ 소비
	○ 저축 ○ 소비	○ 저축 ○ 소비	○ 저축 ○ 소비
	○ 저축 ○ 소비	○ 저축 ○ 소비	○ 저축 ○ 소비
	○ 저축 ○ 소비	○ 저축 ○ 소비	○ 저축 ○ 소비

✦ 매일 적는 소비·저축달력

월

Sun	Mon	Tue
○ 저축 ○ 소비	○ 저축 ○ 소비	○ 저축 ○ 소비
○ 저축 ○ 소비	○ 저축 ○ 소비	○ 저축 ○ 소비
○ 저축 ○ 소비	○ 저축 ○ 소비	○ 저축 ○ 소비
○ 저축 ○ 소비	○ 저축 ○ 소비	○ 저축 ○ 소비
○ 저축 ○ 소비	○ 저축 ○ 소비	○ 저축 ○ 소비

Wed	Thu	Fri	Sat
	ㅇ저축 ㅇ소비	ㅇ저축 ㅇ소비	ㅇ저축 ㅇ소비
	ㅇ저축 ㅇ소비	ㅇ저축 ㅇ소비	ㅇ저축 ㅇ소비
	ㅇ저축 ㅇ소비	ㅇ저축 ㅇ소비	ㅇ저축 ㅇ소비
	ㅇ저축 ㅇ소비	ㅇ저축 ㅇ소비	ㅇ저축 ㅇ소비
	ㅇ저축 ㅇ소비	ㅇ저축 ㅇ소비	ㅇ저축 ㅇ소비

✦ 매일 적는 소비·저축달력

월

Sun	Mon	Tue
○ 저축 ○ 소비	○ 저축 ○ 소비	○ 저축 ○ 소비
○ 저축 ○ 소비	○ 저축 ○ 소비	○ 저축 ○ 소비
○ 저축 ○ 소비	○ 저축 ○ 소비	○ 저축 ○ 소비
○ 저축 ○ 소비	○ 저축 ○ 소비	○ 저축 ○ 소비
○ 저축 ○ 소비	○ 저축 ○ 소비	○ 저축 ○ 소비

Wed	Thu	Fri	Sat
	○ 저축 ○ 소비	○ 저축 ○ 소비	○ 저축 ○ 소비
	○ 저축 ○ 소비	○ 저축 ○ 소비	○ 저축 ○ 소비
	○ 저축 ○ 소비	○ 저축 ○ 소비	○ 저축 ○ 소비
	○ 저축 ○ 소비	○ 저축 ○ 소비	○ 저축 ○ 소비
	○ 저축 ○ 소비	○ 저축 ○ 소비	○ 저축 ○ 소비

✦ 매일 적는 소비·저축달력

월

Sun	Mon	Tue
○ 저축 ○ 소비	○ 저축 ○ 소비	○ 저축 ○ 소비
○ 저축 ○ 소비	○ 저축 ○ 소비	○ 저축 ○ 소비
○ 저축 ○ 소비	○ 저축 ○ 소비	○ 저축 ○ 소비
○ 저축 ○ 소비	○ 저축 ○ 소비	○ 저축 ○ 소비
○ 저축 ○ 소비	○ 저축 ○ 소비	○ 저축 ○ 소비

Wed	Thu	Fri	Sat
축 비	○저축 ○소비	○저축 ○소비	○저축 ○소비
축 비	○저축 ○소비	○저축 ○소비	○저축 ○소비
축 비	○저축 ○소비	○저축 ○소비	○저축 ○소비
축 비	○저축 ○소비	○저축 ○소비	○저축 ○소비
축 비	○저축 ○소비	○저축 ○소비	○저축 ○소비

✦ 매일 적는 소비·저축달력

월

Sun	Mon	Tue
○ 저축 ○ 소비	○ 저축 ○ 소비	○ 저축 ○ 소비
○ 저축 ○ 소비	○ 저축 ○ 소비	○ 저축 ○ 소비
○ 저축 ○ 소비	○ 저축 ○ 소비	○ 저축 ○ 소비
○ 저축 ○ 소비	○ 저축 ○ 소비	○ 저축 ○ 소비
○ 저축 ○ 소비	○ 저축 ○ 소비	○ 저축 ○ 소비

Wed	Thu	Fri	Sat
축 비	○저축 ○소비	○저축 ○소비	○저축 ○소비
축 비	○저축 ○소비	○저축 ○소비	○저축 ○소비
축	○저축 ○소비	○저축 ○소비	○저축 ○소비
축	○저축 ○소비	○저축 ○소비	○저축 ○소비
축	○저축 ○소비	○저축 ○소비	○저축 ○소비

✦ 매일 적는 소비·저축달력

월

Sun	Mon	Tue
○저축 ○소비	○저축 ○소비	○저축 ○소비
○저축 ○소비	○저축 ○소비	○저축 ○소비
○저축 ○소비	○저축 ○소비	○저축 ○소비
○저축 ○소비	○저축 ○소비	○저축 ○소비
○저축 ○소비	○저축 ○소비	○저축 ○소비

Wed	Thu	Fri	Sat
축 비	○ 저축 ○ 소비	○ 저축 ○ 소비	○ 저축 ○ 소비
축 비	○ 저축 ○ 소비	○ 저축 ○ 소비	○ 저축 ○ 소비
축 비	○ 저축 ○ 소비	○ 저축 ○ 소비	○ 저축 ○ 소비
축 비	○ 저축 ○ 소비	○ 저축 ○ 소비	○ 저축 ○ 소비
축 비	○ 저축 ○ 소비	○ 저축 ○ 소비	○ 저축 ○ 소비

✦ 매일 적는 소비·저축달력

월

Sun	Mon	Tue
○ 저축 ○ 소비	○ 저축 ○ 소비	○ 저축 ○ 소비
○ 저축 ○ 소비	○ 저축 ○ 소비	○ 저축 ○ 소비
○ 저축 ○ 소비	○ 저축 ○ 소비	○ 저축 ○ 소비
○ 저축 ○ 소비	○ 저축 ○ 소비	○ 저축 ○ 소비
○ 저축 ○ 소비	○ 저축 ○ 소비	○ 저축 ○ 소비

Wed	Thu	Fri	Sat
축 비	○ 저축 ○ 소비	○ 저축 ○ 소비	○ 저축 ○ 소비
축 비	○ 저축 ○ 소비	○ 저축 ○ 소비	○ 저축 ○ 소비
축 ㅣ	○ 저축 ○ 소비	○ 저축 ○ 소비	○ 저축 ○ 소비
축 ㅣ	○ 저축 ○ 소비	○ 저축 ○ 소비	○ 저축 ○ 소비
축 ㅣ	○ 저축 ○ 소비	○ 저축 ○ 소비	○ 저축 ○ 소비

월

Sun	Mon	Tue
○ 저축 ○ 소비	○ 저축 ○ 소비	○ 저축 ○ 소비
○ 저축 ○ 소비	○ 저축 ○ 소비	○ 저축 ○ 소비
○ 저축 ○ 소비	○ 저축 ○ 소비	○ 저축 ○ 소비
○ 저축 ○ 소비	○ 저축 ○ 소비	○ 저축 ○ 소비
○ 저축 ○ 소비	○ 저축 ○ 소비	○ 저축 ○ 소비

Wed	Thu	Fri	Sat
	○ 저축 ○ 소비	○ 저축 ○ 소비	○ 저축 ○ 소비
	○ 저축 ○ 소비	○ 저축 ○ 소비	○ 저축 ○ 소비
	○ 저축 ○ 소비	○ 저축 ○ 소비	○ 저축 ○ 소비
	○ 저축 ○ 소비	○ 저축 ○ 소비	○ 저축 ○ 소비
	○ 저축 ○ 소비	○ 저축 ○ 소비	○ 저축 ○ 소비

✦ 매일 적는 소비·저축달력

월

Sun	Mon	Tue
○ 저축 ○ 소비	○ 저축 ○ 소비	○ 저축 ○ 소비
○ 저축 ○ 소비	○ 저축 ○ 소비	○ 저축 ○ 소비
○ 저축 ○ 소비	○ 저축 ○ 소비	○ 저축 ○ 소비
○ 저축 ○ 소비	○ 저축 ○ 소비	○ 저축 ○ 소비
○ 저축 ○ 소비	○ 저축 ○ 소비	○ 저축 ○ 소비

Wed	Thu	Fri	Sat
	○ 저축 ○ 소비	○ 저축 ○ 소비	○ 저축 ○ 소비
	○ 저축 ○ 소비	○ 저축 ○ 소비	○ 저축 ○ 소비
	○ 저축 ○ 소비	○ 저축 ○ 소비	○ 저축 ○ 소비
	○ 저축 ○ 소비	○ 저축 ○ 소비	○ 저축 ○ 소비
	○ 저축 ○ 소비	○ 저축 ○ 소비	○ 저축 ○ 소비

◆ 매일 적는 소비·저축달력

월

Sun	Mon	Tue
○ 저축 ○ 소비	○ 저축 ○ 소비	○ 저축 ○ 소비
○ 저축 ○ 소비	○ 저축 ○ 소비	○ 저축 ○ 소비
○ 저축 ○ 소비	○ 저축 ○ 소비	○ 저축 ○ 소비
○ 저축 ○ 소비	○ 저축 ○ 소비	○ 저축 ○ 소비
○ 저축 ○ 소비	○ 저축 ○ 소비	○ 저축 ○ 소비

Wed	Thu	Fri	Sat
축 비	○ 저축 ○ 소비	○ 저축 ○ 소비	○ 저축 ○ 소비
축 비	○ 저축 ○ 소비	○ 저축 ○ 소비	○ 저축 ○ 소비
축	○ 저축 ○ 소비	○ 저축 ○ 소비	○ 저축 ○ 소비
	○ 저축 ○ 소비	○ 저축 ○ 소비	○ 저축 ○ 소비
	○ 저축 ○ 소비	○ 저축 ○ 소비	○ 저축 ○ 소비

✦ 매일 적는 소비·저축달력

월

Sun	Mon	Tue
○ 저축 ○ 소비	○ 저축 ○ 소비	○ 저축 ○ 소비
○ 저축 ○ 소비	○ 저축 ○ 소비	○ 저축 ○ 소비
○ 저축 ○ 소비	○ 저축 ○ 소비	○ 저축 ○ 소비
○ 저축 ○ 소비	○ 저축 ○ 소비	○ 저축 ○ 소비
○ 저축 ○ 소비	○ 저축 ○ 소비	○ 저축 ○ 소비

Wed	Thu	Fri	Sat
	○ 저축 ○ 소비	○ 저축 ○ 소비	○ 저축 ○ 소비
	○ 저축 ○ 소비	○ 저축 ○ 소비	○ 저축 ○ 소비
	○ 저축 ○ 소비	○ 저축 ○ 소비	○ 저축 ○ 소비
	○ 저축 ○ 소비	○ 저축 ○ 소비	○ 저축 ○ 소비
	○ 저축 ○ 소비	○ 저축 ○ 소비	○ 저축 ○ 소비

✦ 매일 적는 소비·저축달력

월

Sun	Mon	Tue
○ 저축 ○ 소비	○ 저축 ○ 소비	○ 저축 ○ 소비
○ 저축 ○ 소비	○ 저축 ○ 소비	○ 저축 ○ 소비
○ 저축 ○ 소비	○ 저축 ○ 소비	○ 저축 ○ 소비
○ 저축 ○ 소비	○ 저축 ○ 소비	○ 저축 ○ 소비
○ 저축 ○ 소비	○ 저축 ○ 소비	○ 저축 ○ 소비

Wed	Thu	Fri	Sat
축 비	○저축 ○소비	○저축 ○소비	○저축 ○소비
축 비	○저축 ○소비	○저축 ○소비	○저축 ○소비
축 비	○저축 ○소비	○저축 ○소비	○저축 ○소비
	○저축 ○소비	○저축 ○소비	○저축 ○소비
	○저축 ○소비	○저축 ○소비	○저축 ○소비

◆ 소비 습관 점검을 위한 일 년 가계부

상반기					1월	2월
IN 소득		급여/사업소득				
IN 소득		인센티브				
IN 소득		기타소득				
IN 소득		합계				
OUT 지출	OUT1	저축 및 투자	단	비상금		
OUT 지출	OUT1	저축 및 투자	단	예·적금		
OUT 지출	OUT1	저축 및 투자	중	펀드		
OUT 지출	OUT1	저축 및 투자	중	주식		
OUT 지출	OUT1	저축 및 투자	중	기타		
OUT 지출	OUT1	저축 및 투자	장	주택청약		
OUT 지출	OUT1	저축 및 투자	장	목돈마련		
OUT 지출	OUT1	저축 및 투자	장	개인 연금		
OUT 지출	OUT1	합계				
OUT 지출	OUT1	고정지출	주거	*월세		
OUT 지출	OUT1	고정지출	주거	*공과금		
OUT 지출	OUT1	고정지출	부채	*대출이자		
OUT 지출	OUT1	고정지출	부채	대출원금		
OUT 지출	OUT1	고정지출	보험	손해보험		
OUT 지출	OUT1	고정지출	기타			
OUT 지출	OUT1	합계				
OUT 지출	OUT2	변동지출	교통비	*주유		
OUT 지출	OUT2	변동지출	교통비	대중교통		
OUT 지출	OUT2	변동지출	교통비	**택시비		
OUT 지출	OUT2	변동지출	통신비	핸드폰		
OUT 지출	OUT2	변동지출	통신비	소액결제		
OUT 지출	OUT2	변동지출	기타	경조사		
OUT 지출	OUT2	합계				
OUT 지출	OUT2	소비지출	**신용카드	사용액		
OUT 지출	OUT2	소비지출	**신용카드	할부금		
OUT 지출	OUT2	소비지출	현금	체크카드		
OUT 지출	OUT2	소비지출	현금	현금		
OUT 지출	OUT2	합계				
OUT 지출		순수 생활비	(소비지출+택시비+소액결제) – 변동지출			

3월	4월	5월	6월

♦ 소비 습관 점검을 위한 일 년 가계부

하반기					7월	8월
IN 소득		급여/사업소득				
		인센티브				
		기타소득				
		합계				
OUT 지출	OUT1	저축 및 투자	단	비상금		
				예·적금		
			중	펀드		
				주식		
				기타		
			장	주택청약		
				목돈마련		
				개인 연금		
		합계				
		고정지출	주거	*월세		
				*공과금		
			부채	*대출이자		
				대출원금		
			보험	손해보험		
			기타			
		합계				
	OUT2	변동지출	교통비	*주유		
				대중교통		
				**택시비		
			통신비	핸드폰		
				소액결제		
			기타	경조사		
		합계				
		소비지출	** 신용카드	사용액		
				할부금		
			현금	체크카드		
				현금		
		합계				
		순수 생활비	(소비지출+택시비+소액결제) – 변동지출			

9월	10월	11월	12월

♦ 풍차적금 리스트

1개월 ₩____ 월 저축금액 ₩_____

2개월 ₩____ ₩____ 월 저축금액 ₩_____

3개월 ₩____ ₩____ ₩____ 월 저축금액 ₩_____

4개월 ₩____ ₩____ ₩____ ₩____ 월 저축금액 ₩_____

5개월 ₩____ ₩____ ₩____ ₩____ ₩____ 월 저축금액 ₩_____

6개월 ₩____ ₩____ ₩____ ₩____ ₩____ ₩____ 월 저축금액 ₩_____

7개월 ₩____ ₩____ ₩____ ₩____ ₩____ 월 저축금액 ₩_____

8개월 ₩____ ₩____ ₩____ ₩____ 월 저축금액 ₩_____

9개월 ₩____ ₩____ ₩____ 월 저축금액 ₩_____

10개월 ₩____ ₩____ 월 저축금액 ₩_____

11개월 ₩____ 월 저축금액 ₩_____

만기금액

7월 ₩____ 8월 ₩____ 9월 ₩____ 10월 ₩____ 11월 ₩____ 12월 ₩____

풍차적금 총 만기금액 ₩______________

✦ 일 년에 한 번, 머니 정산

단위: 만 원

date 20 . . ~ 20 . .

○ 시작 자산 __________ ○ 현재 자산 __________

1년 세부표

○ 소득금액 : 급여__________, 상여_______, 성과_______, 기타_______

○ 저축금액 : 단기________, 중기_________, 장기________, 기타________

○ 고정지출 : 통신_____, 교통_____, 보험_____, 대출이자/월세_____, 기타_____

○ 소비지출 : 소득금액__________ - (저축금액________ + 고정지출________)

1년 종합표

○ 총 소득금액 : ₩________________

○ 총 저축금액 : ₩________________

○ 총 고정지출 : ₩________________

○ 총 소비지출 : ₩________________

월별 평균표

○ 월별 평균 소득금액 : 총 소득금액 ÷ 12 = ₩____________

○ 월별 평균 저축금액 : 총 저축금액 ÷ 12 = ₩____________

○ 월별 평균 고정지출 : 총 고정지출 ÷ 12 = ₩____________

○ 월별 평균 소비지출 : 총 소비지출 ÷ 12 = ₩____________

머니정산 감상평

✦ 돈이 되는 메모

✦ 돈이 되는 메모

◆ 1년차 <난생처음 재테크> 독서 감상표

밑줄 그으며 읽었던 내용

이것만은 기억하자

실천해 본 내용

2년차

✦ 채권 ✦

BOND

✦ 2년차 추천도서

《채권투자 핵심 노하우》

마경환 저 / 이레미디어 / 2018

주식 관련 책은 많지만 채권을 심도 있게 풀어 쓴 책은 거의 없습니다. 책 두께가 두꺼워서 지레 겁먹을 수 있으나 초보자와 중수, 고수가 읽어봐야 할 파트를 알려주기 때문에 약간 어려움이 있더라도 순서대로 천천히 곱씹으며 읽어보면 분명 많은 도움이 될 것입니다.
또한 뒤에 유용한 경제지표를 얻을 수 있는 사이트들을 적어놓았기 때문에 후에 적극적으로 투자할 때 참고지표로 사용하면 좋습니다.

*** 이 부분은 꼭 읽자!**

PAGE 11~16, 30~53, 84~96, 246~273

투자의 시작은 채권으로부터

1년차에서는 자신의 재무상태를 파악하고 소비습관과 저축습관을 만드는 방법을 소개했습니다. 1년차는 은행을 활용한 저축만으로 충분하기 때문에 아직까지는 투자에 무지한 상태일 것입니다.

하지만 우리는 알고 있습니다. 지금 같은 시대에 은행 저축만으로는 평범한 삶조차 꾸려나가기 힘들다는 사실을요. 투자에 눈을 돌려보려 해도 투자는 위험하다는 편견과 원금손실 걱정에 사로잡혀 제대로 시작조차 못하는 경우가 부지기수입니다.

✦ 투자는 위험하다?

투자하면 대부분 '주식'을 떠올리고, 주식의 위험성이 곧 투자의 위험성이라고 생각합니다. 국내주식은 글로벌 투자시장과 비교하면 상당히 높은 변동성(=위험성)을 가지고 있는 하이리스크 시장이 맞지만, 투자에는 국내주식만 있는 것이 아닙니다. 주식보다 훨씬 변동성이 적어 원금손실 위험이 낮으면서도 은행 예·적금의 2~3배 수준의 수익을 낼 수 있는 투자시장도 있습니다.

2년차는 '투자는 위험하다'는 편견을 깨고 안정적으로 예·적금보다 높은 기대 수익을 추구할 수 있는 채권 투자를 배워나가는 시간이 될 것입니다.

✦ 채권을 배워보자

'채권'이란 단어의 어감이 좋진 않습니다. 우리가 이렇게 느끼는 것은 사실 일상에서도 채권이라는 단어를 쉽게 접할 수 있기 때문입니다.

어디서 채권이라는 단어를 접했을까요? 채권자와 채무자라는 단어 많이 들어보셨죠? 은행에서 대출을 받는다면 돈을 빌려준 은행은 '채권자', 돈을 빌린 사람은 '채무자'가 됩니다. 친구에게 돈을 빌려주는 행위도 엄밀히 말하면 채무관계가 성립됩니다.

채권을 간략하게 요약하자면 돈을 빌려주고 이자를 받는 것을 말합니다. 그럼 돈을 누구한테 빌려줄까요? 국가나 회사는 자금 조달을 위해 채권을 발행합니다. 국가가 발행한 채권은 국채이고 회사가 발행한 채권은 회사채입니다. 채권을 삼으로써 국가나 회사에 돈을 빌려주는 것이죠.

그렇다면 국채나 회사채를 샀을 때의 리스크는 얼마나 될까요? 은행에서 대출을 받았을 때 월급이 줄었다고 돈을 안 갚을 수 있나요? 이자를 조금 낼 수 있을까요? 대출을 받은 채무자가 파산 신청을 하지 않는 이상 원금과 이자는 당연히 지급해야 합니다. 채권 또한 마찬가지입니다. 국채를 샀다면 해당 국채를 발행한 국가가 파산하지 않는 이상 원금손실 리스크는 없습니다. 회사채 또한 마찬가지로 해당 회사채를 발행한 회사가 파산하지 않는 이상 손실 걱정은 없습니다. 주식의 경우 기업의 실적이 악화되면 주가가 떨어져서 손해를 보는 경우가 생기지만, 회사채의 경우 회사의 실적이 좋지 않더라도 파산하지만 않는다면 손해는 발생하지 않습니다.

하지만 채권이 무조건 안전하다고 보기는 어렵습니다. 예금자보호법으로 5,000만 원 이하의 자금을 보호받는 예·적금과 달리, 채권은 드물긴 해도 국가 혹은 기업의 '부도 위험'이 존재합니다. 위험성이 높으면 높을수록 기대수익도 크므로 통상적으로 예·적금에 비해 채권의 이자가 더 높습니다. 결국 채권은 예·적금보다 위험하고 주식보다는 안정적인 투자 상품이며, 이제 막 투자를 시작하는 사람들에게 예·적금보다 높은 수익률로 안전하게 자금을 굴릴 수 있는 분야라고 볼 수 있습니다.

그럼에도 여전히 주식시장은 알면서도 채권시장의 존재 자체를 모르는 사람이 상당합니다. 사실 채권시장이 주식시장보다 2배가량 더 큰 시장인데도 말입니다. 주식은 기업만 발행하지만 채권은 기업뿐만 아니라 국가도 발행하므로 필연적으로 채권시장이 주식시장에 비해 클 수밖에 없습니다.

채권 투자의 시작, 장외채권

앞서 채권에 관한 설명을 제대로 이해한 안정적인 성향의 투자자라면 예·적금보다 수익이 높은 채권 투자에 관심이 생겼겠죠? 이번에는 채권 투자의 첫 시작, 장외채권에 대해 배워볼 것입니다.

채권을 매매하는 방법에는 두 가지가 있습니다.

장외채권 매매 **장내채권 매매**

장외거래는 KOSPI나 KOSDAQ 등의 증권거래소 시장을 거치지 않고 이루어지는 거래를 통칭합니다. 주로 증권사 창구를 통해 증권사 직원과 고객 사이에서 거래가 이루어집니다. 반대로 장내거래라면 증권거래소 시장을 통해 이루어지는 것을 의미하겠죠?

채권은 주식과 다르게 장내거래보다 장외거래가 많습니다. 그렇다 보니 장내채권은 거래량이 적어 유동성이 부족하고, 주식처럼 거래가 이루어지기 때문에 가격이 자주 변동됩니다. 채권 투자를 처음 시작하는 초보자에게는 맞지 않죠.

그러므로 채권 투자는 증권사 장외채권 매매를 통해 시작할 것을 추천합니다.

✦ 장외채권 거래방법

① 증권사 홈페이지/어플 » 금융상품 » 채권/신탁/RP » 장외채권

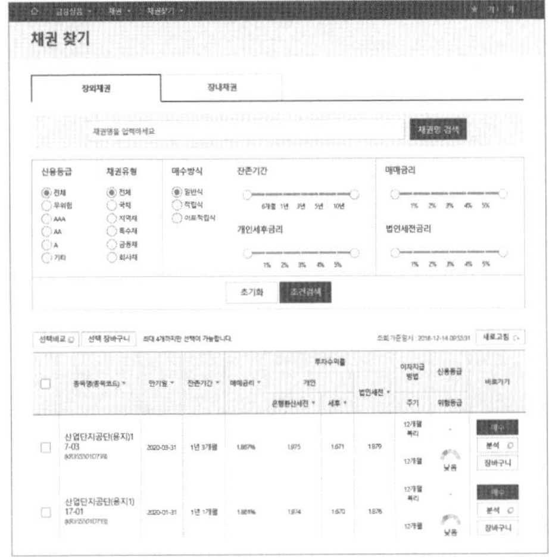

(삼성증권 홈페이지 참고)

장외채권을 매수하는 방법은 생각보다 간단합니다. 거래하고자 하는 증권사 홈페이지 또는 어플에 접속해 장외채권 항목을 검색하면 됩니다.

② 매수

증권사 계좌만 있으면 여러 장외채권 중 원하는 채권을 위와 같은 방법으로 간단하게 매수할 수 있습니다.

✦ 장외채권 투자 시 유의사항

장외채권 투자가 얼마나 간단한지 확인했다면, 투자하기 전에 알아야 할 요소들을 살펴볼까요? 아래 실제 장외채권이 있습니다.

종목명	폴라리스쉬핑24-1
구분	회사채
투자 기간	0년 338일
만기일	2019-09-20
은행예금환산 금리	3.49
세후 연평균 수익률	2.95
잔고(억)	0
신용등급	BBB+
표면금리	4.183
이자지급 구분	이표채(고정금리)
이자지급 주기	3개월
채권옵션 구분	일반채권

① 종목명

해당 회사의 이름이 나와 있습니다. 위의 채권은 '폴라리스 쉬핑'이라는 국내 중견 선사 회사의 채권이네요.

② 구분

국채, 지방채, 특수채, 금융채, 회사채, 통안채, 국공채 등의 채권 종류를 보고 해당 채권이 어떤 채권인지 알 수 있습니다. 통상적으로 장외채권은 대부분 회사채입니다.

③ 투자 기간 / 만기일

말 그대로 해당 채권의 투자 기간과 만기일을 의미합니다. 장외채권은 중도환매가 불가능하므로 반드시 투자 기간과 만기일을 확인하여 그때까지 투자해도 괜찮을지 판단해야 합니다.

④ 표면금리

채권 발행의 주체가 만기까지 지불하겠다고 약속한 이율로 1년을 기준으로 기재되어 있습니다.

⑤ 은행예금환산 금리

해당 채권의 이자 수익을 은행 예금으로 환산했을 때 수익률로, 은행 예금보다 높은 수익을 원하는 채권 투자자들의 중요한 투자지표입니다. 위의 채권의 경우 3.49%의 예금환산 수익률로 일반적인 시중은행 예금보다 약 1.5~2% 높은 수준이네요.

⑥ 세후 연평균 수익률

이자소득세 15.4%를 제외한 연 수익률을 말합니다.

※ 참고로 은행 예·적금 이율은 '세전' 이율입니다.

⑦ 이자지급 구분/이자지급 주기

채권이 이자를 지급하는 방식은 할인채, 복리채, 이표채 등의 여러 가지 방식이 있습니다. 대부분의 장외채권은 이표채를 많이 사용합니다.

할인채	선이자 방식의 일종으로 채권을 할인해서 사는 채권
복리채	만기에 원금과 복리 이자를 한꺼번에 받는 채권
이표채	분기(3개월) 혹은 6개월, 1년마다 정해진 날짜에 이자를 받는 채권

⑧ 잔고

증권사가 보유하고 있으며 고객에게 판매가 가능한 채권의 금액입니다.

⑨ 신용등급

채권 투자 시 기준이 되어야 하는 부분으로 해당 채권을 발행한 주체의 신용등급입니다.

✦ 채권의 신용등급

금전거래에서 신용도가 매우 중요하다는 것은 다들 잘 아실 겁니다. 지인과의 사소한 금전거래부터 은행에서 대출을 받을 때에도 신용도가 금전거래에 미치는 영향은 상당히 높습니다. 신용도가 높으면 낮은 금리로 더 많은 대출을 받을 수 있죠. 채권 투자 또한 돈을 빌려주고 받는 금전거래이기 때문에 채권을 발행한 주체의 신용등급이 매우 중요합니다.

신용등급이 높다는 것은 해당 주체가 건실한 재정이 있으며 부도날 확률이 매우 적다는 뜻으로 해석할 수 있고, 신용등급이 낮을수록 재정이 위험하고 부도날 확률도 높아집니다. 따라서 채권 투자를 할 때에도 반드시 해당 채권의 신용등급을 확인해야 합니다.

- **국내 신용평가사 기준의 채권 신용등급**

등급	등급의 정의
AAA	원리금 지급능력이 최상급임
AA	원리금 지급능력이 매우 우수하지만 AAA의 채권보다는 다소 열위임
A	원리금 지급능력은 우수하지만 상위등급보다 경제여건 및 환경악화에 따른 영향을 받기 쉬운 면이 있음
BBB	원리금 지급능력은 양호하지만 상위등급에 비해서 경제여건 및 환경악화에 따라 장래 원리금의 지급능력이 저하될 가능성을 내포하고 있음
BB	원리금지급능력은 양호한 편이나 약간의 투기적인 요소를 내포하고 있음
B	원리금 지급능력이 당장은 문제가 되지 않으나 장래 안전에 대해서는 단언할 수 없는 투기적인 요소를 내포하고 있음
CCC	원리금 지급능력이 결핍되어 투기적이며 불황 시에 이자지급이 확실하지 않음
CC	원리금 지급에 관하여 현재에도 불안요소가 있음, 채무불이행의 위험이 커 매우 투기적임
C	상위등급에 비하여 불안요소가 더욱 큼
D	채무불이행의 위험성이 높고 원리금 상환능력이 없음 상환 불능상태임

채권의 신용등급이 중요한 이유는 내가 투자하고 있는 채권의 주체가 부도날 가능성이 얼마나 있는지 확인하기 위함이겠죠? 한국 금융투자협회 채권정보센터 홈페이지(www.kofiabond.or.kr)에 방문하면 각 신용등급별 부도율을 확인할 수 있습니다.

• 신용등급별 연간 부도율

채권부도율 | 기업부도율 | 회수율 | 분석 보고서

조회조건 ◉ 연간부도율 ○ 평균누적부도율 조회 >

(단위:%)

구분	AAA	AA	A	BBB	BB	B이하	투자등급	투기등급	전체
1999	0.00	0.00	8.18	5.26	2.48	21.43	6.16	7.36	6.50
2000	0.00	0.00	0.00	0.63	3.63	9.52	0.36	4.48	1.77
2001	0.00	0.00	0.00	1.54	5.98	16.67	0.86	7.12	2.91
2002	0.00	0.00	0.00	0.00	2.96	21.15	0.00	5.90	2.15
2003	0.00	0.00	1.30	0.00	3.95	5.26	0.36	4.31	1.45
2004	0.00	0.00	0.00	0.00	13.58	17.86	0.00	15.33	3.01
2005	0.00	0.00	0.00	0.00	0.00	12.68	0.00	6.87	1.21
2006	0.00	0.00	0.00	2.40	2.13	1.82	0.91	1.96	1.05
2007	0.00	0.00	0.00	0.00	0.00	0.00	0.00	0.00	0.00
2008	0.00	0.00	0.00	0.93	13.33	9.68	0.29	10.87	2.49
2009	0.00	0.00	0.00	7.36	19.40	8.00	1.65	11.98	3.80
2010	0.00	0.00	0.00	8.87	7.14	14.29	1.36	12.14	2.96
2011	0.00	0.00	0.61	1.69	2.50	8.16	0.45	5.62	0.93
2012	0.00	0.00	0.58	1.57	5.41	27.03	0.41	16.22	1.54
2013	0.00	0.00	0.00	9.72	19.23	7.41	1.40	16.19	2.80
2014	0.00	0.00	0.61	2.40	5.48	11.36	0.49	7.69	1.24
2015	0.00	0.00	0.00	4.90	7.50	19.57	0.49	11.90	1.76
2016	0.00	0.00	0.00	0.00	4.55	8.33	0.00	5.88	0.54
2017	0.00	0.00	0.00	0.00	0.00	11.63	0.00	4.72	0.46
평균	0.00	0.00	0.43	2.15	6.88	13.26	0.69	9.23	2.20

부도정의는 금융투자업규정 시행세칙 별표31 제3조 제1항 제9호에 따른 '광의의 부도'를 적용

▸ 연간부도율 : 국내 신용평가3사의 평가 기업들을 대상으로 개별 연간부도율을 평가모수를 기준으로 가중평균하여 산출

AAA~AA 등급은 부도가 난 적은 한 번도 없으며, A 등급의 경우에도 상당히 낮은 0.43%의 평균 부도율을 보여줍니다. BBB 등급은 평균 2.15%의 부도율이며, BBB 미만의 등급은 부도율이 크게 증가하는 모습을 볼 수 있습니다.

즉, AAA, AA+, AA, AA-, A+, A, A-, BBB+, BBB, BBB- 등급을 보유한 채권에 투자할 경우 원금손실 리스크는 낮은 수준에 해당하기 때문에 투자에 적합합니다. 그러므로 AAA~BBB 등급의 채권은 투자적격으로 통칭하며 BB 등급 이하의 채권은 투자부적격으로 분류합니다.

통상적으로 A 등급 채권일 경우 은행예금환산 금리는 2~3% 수준이며, BBB 신용등급 채권의 은행예금환산 금리는 3~4% 수준입니다.

장외채권 매수 시 BB 등급 이하의 채권은 투자하지 말고 최소 BBB 등급 이상의 채권에만 투자하길 권장합니다. 만약 본인이 원금 손실은 절대 안 된다고 생각하는 투자자라면 A 이상 신용등급만 투자하세요.

· **(예시) 장외채권 투자표**

종목명	폴라리스쉬핑24-1	SK해운61	
구분	회사채	회사채	
신용등급	BBB+	A-	
이자지급 구분/주기	이표채/3개월	이표채/3개월	
표면금리	4.18%	4.485	
은행예금환산 금리/세후연평균 수익률	3.49%/ 2.95%	3.9%/3.3%	
투자기간/만기일	287일/2019.09.20	1년58일/ 2020.02.03	
투자금액	10,000,000원	10,000,000원	
만기 시 예상 수익금	약 270,000원	약 384,900원	

실전 채권 투자, 채권형 펀드

장외채권의 수익률을 보고 실망하신 건 아니겠죠? 사실 장외채권을 통해 높은 수익을 얻고 싶다면 신용등급이 낮은 채권을 사야 하는데, 이것은 2년차 '안정적인 투자' 원칙에 위배되므로 장외채권을 통해서는 예·적금의 +1~2% 수준의 수익만을 얻기로 합시다.

그렇다면 채권투자를 통해 안정적으로 예·적금의 2~3배 수익을 올리려면 어떻게 해야 할까요? 답은 '채권형 펀드'에 있습니다.

펀드란 주식에만 투자하는 것으로 알고 있는 사람이 많지만 의외로 채권형 펀드의 비중이 상당합니다. 채권형 펀드만으로도 시장의 하락과 상승에 대응할 수 있으며 안정적인 수익도 가능합니다. 과연 채권형 펀드만으로도 가능한지 확인해볼까요?

※ 펀드에 대해 모른다면 3년차 앞부분을 훑고 오시면 펀드의 개념이 잡힙니다.

✦ 채권형 펀드의 안정성과 수익률

아래 그래프는 글로벌 투자적격 채권의 과거 20년간 연도별 투자 수익률입니다. 글로벌 투자적격 채권에 투자했을 때 과거 20년 동안 손실을 기록한 적은 단 두 번뿐이며 20년간의 연 평균 수익률은 5.4%로 상당히 높은 수준입니다.

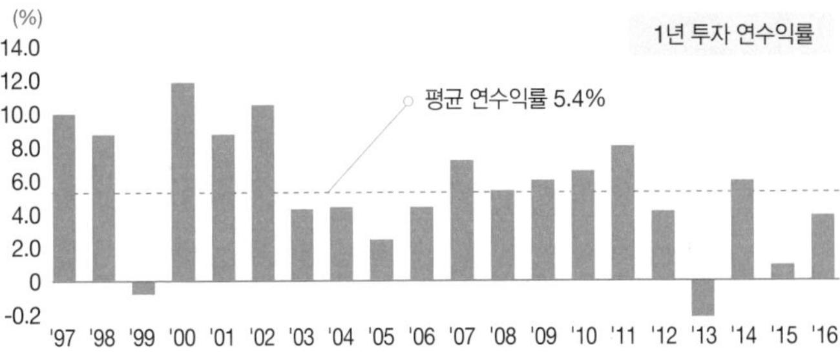

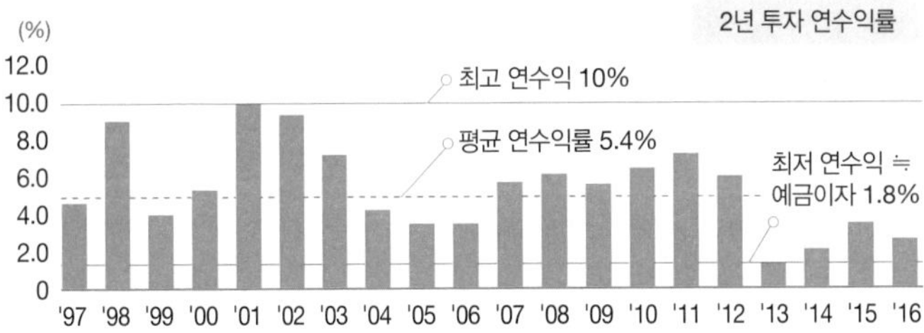

자료: 블룸버그, 글로벌채권- Barclays Global Aggregate Index

글로벌 투자적격 채권에 1년간 투자했을 때에는 두 번의 손실이 있었지만 투자기간을 2년으로 늘려보면 단 한 차례도 손실이 나지 않았습니다.

위 그래프가 펀드에 관한 결과는 아니지만 채권에 투자하는 채권형 펀드 또한 글로벌 투자적격 채권을 포함한 수십 개의 채권에 분산투자하기 때문에 이와 비슷한 흐름을 보일 것입니다. 결론적으로 채권형 펀드 투자 시 투자기간을 짧게 잡는 것보다 길게 잡는 것이 원금손실 가능성을 줄일 수 있으며, 예금 금리 이상의 수익을 기대해 볼 수 있는 방법입니다.

✦ 주식만큼 높은 수익을 올릴 수 있는 하이일드채권

채권은 안전자산이기 때문에 주식만큼의 높은 수익을 추구하진 못하지만, 변동성이 낮아 자산관리 포트폴리오에서 빼놓을 수 없습니다. 위험자산인 주식과 반대로 진행되는 경향이 짙기 때문이죠. 주식시장이 하락하면 채권 수익이 증가하는 것이 일반적인 시장의 흐름입니다.

그렇기 때문에 대부분 자산방어용으로 채권을 추가하거나 은행의 예·적금을 대신할 용도 정도로만 사용하고 있습니다. 하지만 주식만큼의 높은 수익을 올릴 수 있으면서도 주식보다 낮은 변동성을 보이는 채권이 있다면 믿으시겠습니까?

자료: 블룸버그, 미국 하이일드채권-ML, US HY Index, KOSPI

왼쪽 자료는 미국 하이일드채권(투자부적격)과 국내주식의 수익률을 비교한 그래프입니다. 언뜻 보기에도 하이일드채권이 국내주식만큼 높은 수익을 추구할 수 있다는 것을 알 수 있습니다.

하이일드채권은 투자부적격 채권입니다. 투자부적격 채권은 앞서 배웠던 채권의 신용등급에서 BB등급 이하의 채권을 말합니다. 개별 채권을 산다면 투자부적격 채권은 부도 위험이 너무 높아서 투자를 권하지 않지만, 펀드로 투자하는 것은 투자부적격 채권이라도 부도 걱정을 할 필요가 없습니다.

펀드매니저들이 기업을 분석하여 여러 채권 종목에 분산 투자할 뿐만 아니라 시장 상황에 맞춰 매도와 매수를 진행하므로 투자부적격 채권이라도 펀드를 통해 투자가 가능합니다.

◆ 시장상황과 투자성향에 맞는 채권형 펀드

시장 하락이 예상된다면 당연히 투자적격 채권에 투자해야 합니다. 하이일드채권은 주식의 흐름과 거의 유사하므로 채권의 탈을 쓴 주식이라고 생각하면 간단합니다. 그렇기 때문에 하이일드채권은 시장 상승이 예상될 때 투자합니다.

또한 본인의 투자 성향에 따라서도 선택을 달리해야 합니다. 투자가 처음이고 원금손실이 두렵다면 안정적인 글로벌 투자적격 채권으로 투자하는 것이 좋고, 투자 경험이 있고 높은 수익을 추구한다면 미국 하이일드채권에 투자하는 것이 좋습니다.

• (예시) 채권형 펀드 투자 리스트

펀드명	삼성 코리아 중기채권증권자 투자신탁 제1호[채권] S	미래에셋 글로벌하이일드증권자 투자신탁1호(채권-재간접형) S	
투자 이유	무역전쟁으로 시장하락 예상	무역전쟁종료, 마지막 상승장일 것으로 예상	
투자 금액	10,000,000원	10,300,000원	
투자 날짜	2017.01.15	2018.12.07	
목표 수익률	4%	6%	
예상 환매 시기	2019.03	2020.06	
실제 환매 시기	2018.12		
실현 수익률	3%		
원금+수익 금액	10,300,000원		
환매 이유	무역전쟁 종료 하이일드채권 투자를 위해		

✦ 매일 적는 소비·저축달력

월

Sun	Mon	Tue
○ 저축 ○ 소비	○ 저축 ○ 소비	○ 저축 ○ 소비
○ 저축 ○ 소비	○ 저축 ○ 소비	○ 저축 ○ 소비
○ 저축 ○ 소비	○ 저축 ○ 소비	○ 저축 ○ 소비
○ 저축 ○ 소비	○ 저축 ○ 소비	○ 저축 ○ 소비
○ 저축 ○ 소비	○ 저축 ○ 소비	○ 저축 ○ 소비

Wed	Thu	Fri	Sat
	○ 저축 ○ 소비	○ 저축 ○ 소비	○ 저축 ○ 소비
	○ 저축 ○ 소비	○ 저축 ○ 소비	○ 저축 ○ 소비
	○ 저축 ○ 소비	○ 저축 ○ 소비	○ 저축 ○ 소비
	○ 저축 ○ 소비	○ 저축 ○ 소비	○ 저축 ○ 소비
	○ 저축 ○ 소비	○ 저축 ○ 소비	○ 저축 ○ 소비

✦ 매일 적는 소비·저축달력

월

Sun	Mon	Tue
ㅇ저축 ㅇ소비	ㅇ저축 ㅇ소비	ㅇ저축 ㅇ소비
ㅇ저축 ㅇ소비	ㅇ저축 ㅇ소비	ㅇ저축 ㅇ소비
ㅇ저축 ㅇ소비	ㅇ저축 ㅇ소비	ㅇ저축 ㅇ소비
ㅇ저축 ㅇ소비	ㅇ저축 ㅇ소비	ㅇ저축 ㅇ소비
ㅇ저축 ㅇ소비	ㅇ저축 ㅇ소비	ㅇ저축 ㅇ소비

Wed	Thu	Fri	Sat
	○ 저축 ○ 소비	○ 저축 ○ 소비	○ 저축 ○ 소비
	○ 저축 ○ 소비	○ 저축 ○ 소비	○ 저축 ○ 소비
	○ 저축 ○ 소비	○ 저축 ○ 소비	○ 저축 ○ 소비
	○ 저축 ○ 소비	○ 저축 ○ 소비	○ 저축 ○ 소비
	○ 저축 ○ 소비	○ 저축 ○ 소비	○ 저축 ○ 소비

✦ 매일 적는 소비·저축달력

월

Sun	Mon	Tue
○ 저축 ○ 소비	○ 저축 ○ 소비	○ 저축 ○ 소비
○ 저축 ○ 소비	○ 저축 ○ 소비	○ 저축 ○ 소비
○ 저축 ○ 소비	○ 저축 ○ 소비	○ 저축 ○ 소비
○ 저축 ○ 소비	○ 저축 ○ 소비	○ 저축 ○ 소비
○ 저축 ○ 소비	○ 저축 ○ 소비	○ 저축 ○ 소비

Wed	Thu	Fri	Sat
	○ 저축 ○ 소비	○ 저축 ○ 소비	○ 저축 ○ 소비
	○ 저축 ○ 소비	○ 저축 ○ 소비	○ 저축 ○ 소비
	○ 저축 ○ 소비	○ 저축 ○ 소비	○ 저축 ○ 소비
	○ 저축 ○ 소비	○ 저축 ○ 소비	○ 저축 ○ 소비
	○ 저축 ○ 소비	○ 저축 ○ 소비	○ 저축 ○ 소비

월

Sun	Mon	Tue
○ 저축 ○ 소비	○ 저축 ○ 소비	○ 저축 ○ 소비
○ 저축 ○ 소비	○ 저축 ○ 소비	○ 저축 ○ 소비
○ 저축 ○ 소비	○ 저축 ○ 소비	○ 저축 ○ 소비
○ 저축 ○ 소비	○ 저축 ○ 소비	○ 저축 ○ 소비
○ 저축 ○ 소비	○ 저축 ○ 소비	○ 저축 ○ 소비

Wed	Thu	Fri	Sat
축 비	○ 저축 ○ 소비	○ 저축 ○ 소비	○ 저축 ○ 소비
축 비	○ 저축 ○ 소비	○ 저축 ○ 소비	○ 저축 ○ 소비
축 비	○ 저축 ○ 소비	○ 저축 ○ 소비	○ 저축 ○ 소비
축 비	○ 저축 ○ 소비	○ 저축 ○ 소비	○ 저축 ○ 소비
축 비	○ 저축 ○ 소비	○ 저축 ○ 소비	○ 저축 ○ 소비

✦ 매일 적는 소비·저축달력

월

Sun	Mon	Tue
○ 저축 ○ 소비	○ 저축 ○ 소비	○ 저축 ○ 소비
○ 저축 ○ 소비	○ 저축 ○ 소비	○ 저축 ○ 소비
○ 저축 ○ 소비	○ 저축 ○ 소비	○ 저축 ○ 소비
○ 저축 ○ 소비	○ 저축 ○ 소비	○ 저축 ○ 소비
○ 저축 ○ 소비	○ 저축 ○ 소비	○ 저축 ○ 소비

Wed	Thu	Fri	Sat
	ㅇ 저축 ㅇ 소비	ㅇ 저축 ㅇ 소비	ㅇ 저축 ㅇ 소비
	ㅇ 저축 ㅇ 소비	ㅇ 저축 ㅇ 소비	ㅇ 저축 ㅇ 소비
	ㅇ 저축 ㅇ 소비	ㅇ 저축 ㅇ 소비	ㅇ 저축 ㅇ 소비
	ㅇ 저축 ㅇ 소비	ㅇ 저축 ㅇ 소비	ㅇ 저축 ㅇ 소비
	ㅇ 저축 ㅇ 소비	ㅇ 저축 ㅇ 소비	ㅇ 저축 ㅇ 소비

✦ 매일 적는 소비·저축달력

월

Sun	Mon	Tue
ㅇ저축 ㅇ소비	ㅇ저축 ㅇ소비	ㅇ저축 ㅇ소비
ㅇ저축 ㅇ소비	ㅇ저축 ㅇ소비	ㅇ저축 ㅇ소비
ㅇ저축 ㅇ소비	ㅇ저축 ㅇ소비	ㅇ저축 ㅇ소비
ㅇ저축 ㅇ소비	ㅇ저축 ㅇ소비	ㅇ저축 ㅇ소비
ㅇ저축 ㅇ소비	ㅇ저축 ㅇ소비	ㅇ저축 ㅇ소비

Wed	Thu	Fri	Sat
	ㅇ저축 ㅇ소비	ㅇ저축 ㅇ소비	ㅇ저축 ㅇ소비
	ㅇ저축 ㅇ소비	ㅇ저축 ㅇ소비	ㅇ저축 ㅇ소비
	ㅇ저축 ㅇ소비	ㅇ저축 ㅇ소비	ㅇ저축 ㅇ소비
	ㅇ저축 ㅇ소비	ㅇ저축 ㅇ소비	ㅇ저축 ㅇ소비
	ㅇ저축 ㅇ소비	ㅇ저축 ㅇ소비	ㅇ저축 ㅇ소비

✦ 매일 적는 소비·저축달력

월

Sun	Mon	Tue
○ 저축 ○ 소비	○ 저축 ○ 소비	○ 저축 ○ 소비
○ 저축 ○ 소비	○ 저축 ○ 소비	○ 저축 ○ 소비
○ 저축 ○ 소비	○ 저축 ○ 소비	○ 저축 ○ 소비
○ 저축 ○ 소비	○ 저축 ○ 소비	○ 저축 ○ 소비
○ 저축 ○ 소비	○ 저축 ○ 소비	○ 저축 ○ 소비

Wed	Thu	Fri	Sat
	○ 저축 ○ 소비	○ 저축 ○ 소비	○ 저축 ○ 소비
	○ 저축 ○ 소비	○ 저축 ○ 소비	○ 저축 ○ 소비
	○ 저축 ○ 소비	○ 저축 ○ 소비	○ 저축 ○ 소비
	○ 저축 ○ 소비	○ 저축 ○ 소비	○ 저축 ○ 소비
	○ 저축 ○ 소비	○ 저축 ○ 소비	○ 저축 ○ 소비

✦ 매일 적는 소비·저축달력

월

Sun	Mon	Tue
○ 저축 ○ 소비	○ 저축 ○ 소비	○ 저축 ○ 소비
○ 저축 ○ 소비	○ 저축 ○ 소비	○ 저축 ○ 소비
○ 저축 ○ 소비	○ 저축 ○ 소비	○ 저축 ○ 소비
○ 저축 ○ 소비	○ 저축 ○ 소비	○ 저축 ○ 소비
○ 저축 ○ 소비	○ 저축 ○ 소비	○ 저축 ○ 소비

Wed	Thu	Fri	Sat
	ㅇ 저축 ㅇ 소비	ㅇ 저축 ㅇ 소비	ㅇ 저축 ㅇ 소비
	ㅇ 저축 ㅇ 소비	ㅇ 저축 ㅇ 소비	ㅇ 저축 ㅇ 소비
	ㅇ 저축 ㅇ 소비	ㅇ 저축 ㅇ 소비	ㅇ 저축 ㅇ 소비
	ㅇ 저축 ㅇ 소비	ㅇ 저축 ㅇ 소비	ㅇ 저축 ㅇ 소비
	ㅇ 저축 ㅇ 소비	ㅇ 저축 ㅇ 소비	ㅇ 저축 ㅇ 소비

✦ 매일 적는 소비·저축달력

월

Sun	Mon	Tue
○ 저축 ○ 소비	○ 저축 ○ 소비	○ 저축 ○ 소비
○ 저축 ○ 소비	○ 저축 ○ 소비	○ 저축 ○ 소비
○ 저축 ○ 소비	○ 저축 ○ 소비	○ 저축 ○ 소비
○ 저축 ○ 소비	○ 저축 ○ 소비	○ 저축 ○ 소비
○ 저축 ○ 소비	○ 저축 ○ 소비	○ 저축 ○ 소비

Wed	Thu	Fri	Sat
	○저축 ○소비	○저축 ○소비	○저축 ○소비
	○저축 ○소비	○저축 ○소비	○저축 ○소비
	○저축 ○소비	○저축 ○소비	○저축 ○소비
	○저축 ○소비	○저축 ○소비	○저축 ○소비
	○저축 ○소비	○저축 ○소비	○저축 ○소비

✦ 매일 적는 소비·저축달력

월

Sun	Mon	Tue
○ 저축 ○ 소비	○ 저축 ○ 소비	○ 저축 ○ 소비
○ 저축 ○ 소비	○ 저축 ○ 소비	○ 저축 ○ 소비
○ 저축 ○ 소비	○ 저축 ○ 소비	○ 저축 ○ 소비
○ 저축 ○ 소비	○ 저축 ○ 소비	○ 저축 ○ 소비
○ 저축 ○ 소비	○ 저축 ○ 소비	○ 저축 ○ 소비

Wed	Thu	Fri	Sat
	○ 저축 ○ 소비	○ 저축 ○ 소비	○ 저축 ○ 소비
	○ 저축 ○ 소비	○ 저축 ○ 소비	○ 저축 ○ 소비
	○ 저축 ○ 소비	○ 저축 ○ 소비	○ 저축 ○ 소비
	○ 저축 ○ 소비	○ 저축 ○ 소비	○ 저축 ○ 소비
	○ 저축 ○ 소비	○ 저축 ○ 소비	○ 저축 ○ 소비

✦ 매일 적는 소비·저축달력

월

Sun	Mon	Tue
○ 저축 ○ 소비	○ 저축 ○ 소비	○ 저축 ○ 소비
○ 저축 ○ 소비	○ 저축 ○ 소비	○ 저축 ○ 소비
○ 저축 ○ 소비	○ 저축 ○ 소비	○ 저축 ○ 소비
○ 저축 ○ 소비	○ 저축 ○ 소비	○ 저축 ○ 소비
○ 저축 ○ 소비	○ 저축 ○ 소비	○ 저축 ○ 소비

Wed	Thu	Fri	Sat
	ㅇ저축 ㅇ소비	ㅇ저축 ㅇ소비	ㅇ저축 ㅇ소비
	ㅇ저축 ㅇ소비	ㅇ저축 ㅇ소비	ㅇ저축 ㅇ소비
	ㅇ저축 ㅇ소비	ㅇ저축 ㅇ소비	ㅇ저축 ㅇ소비
	ㅇ저축 ㅇ소비	ㅇ저축 ㅇ소비	ㅇ저축 ㅇ소비
	ㅇ저축 ㅇ소비	ㅇ저축 ㅇ소비	ㅇ저축 ㅇ소비

✦ 매일 적는 소비·저축달력

월

Sun	Mon	Tue
○ 저축 ○ 소비	○ 저축 ○ 소비	○ 저축 ○ 소비
○ 저축 ○ 소비	○ 저축 ○ 소비	○ 저축 ○ 소비
○ 저축 ○ 소비	○ 저축 ○ 소비	○ 저축 ○ 소비
○ 저축 ○ 소비	○ 저축 ○ 소비	○ 저축 ○ 소비
○ 저축 ○ 소비	○ 저축 ○ 소비	○ 저축 ○ 소비

Wed	Thu	Fri	Sat
축 비	○ 저축 ○ 소비	○ 저축 ○ 소비	○ 저축 ○ 소비
축 비	○ 저축 ○ 소비	○ 저축 ○ 소비	○ 저축 ○ 소비
축 비	○ 저축 ○ 소비	○ 저축 ○ 소비	○ 저축 ○ 소비
축 비	○ 저축 ○ 소비	○ 저축 ○ 소비	○ 저축 ○ 소비
축 비	○ 저축 ○ 소비	○ 저축 ○ 소비	○ 저축 ○ 소비

✦ 소비 습관 점검을 위한 일 년 가계부

상반기					1월	2월
IN 소득		급여/사업소득				
		인센티브				
		기타소득				
		합계				
OUT 지출	OUT1	저축 및 투자	단	비상금		
				예·적금		
			중	펀드		
				주식		
				기타		
			장	주택청약		
				목돈마련		
				개인 연금		
		합계				
		고정지출	주거	*월세		
				*공과금		
			부채	*대출이자		
				대출원금		
			보험	손해보험		
			기타			
		합계				
	OUT2	변동지출	교통비	*주유		
				대중교통		
				**택시비		
			통신비	핸드폰		
				소액결제		
			기타	경조사		
		합계				
		소비지출	** 신용카드	사용액		
				할부금		
			현금	체크카드		
				현금		
		합계				
		순수 생활비	(소비지출+택시비+소액결제) – 변동지출			

3월	4월	5월	6월

✦ 소비 습관 점검을 위한 일 년 가계부

하반기					7월	8월
IN 소득		급여/사업소득				
		인센티브				
		기타소득				
		합계				
OUT 지출	OUT1	저축 및 투자	단	비상금		
				예·적금		
			중	펀드		
				주식		
				기타		
			장	주택청약		
				목돈마련		
				개인 연금		
		합계				
		고정지출	주거	*월세		
				*공과금		
			부채	*대출이자		
				대출원금		
			보험	손해보험		
			기타			
		합계				
	OUT2	변동지출	교통비	*주유		
				대중교통		
				**택시비		
			통신비	핸드폰		
				소액결제		
			기타	경조사		
		합계				
		소비지출	**신용카드	사용액		
				할부금		
			현금	체크카드		
				현금		
		합계				
		순수 생활비	(소비지출+택시비+소액결제) – 변동지출			

9월	10월	11월	12월

✦ 일 년에 한 번, 머니 정산

단위: 만 원

date 20 . . ~ 20 . .

○ 시작 자산 ___________ ○ 현재 자산 ___________

1년 세부표

○ 소득금액 : 급여____________, 상여_______, 성과_______, 기타_______

○ 저축금액 : 단기_________, 중기_________, 장기_________, 기타_________

○ 고정지출 : 통신_____, 교통______, 보험_____, 대출이자/월세_____, 기타_____

○ 소비지출 : 소득금액__________ - (저축금액________ + 고정지출________)

1년 종합표

○ 총 소득금액 : ₩________________

○ 총 저축금액 : ₩________________

○ 총 고정지출 : ₩________________

○ 총 소비지출 : ₩________________

월별 평균표

○ 월별 평균 소득금액 : 총 소득금액 ÷ 12 = ₩____________

○ 월별 평균 저축금액 : 총 저축금액 ÷ 12 = ₩____________

○ 월별 평균 고정지출 : 총 고정지출 ÷ 12 = ₩____________

○ 월별 평균 소비지출 : 총 소비지출 ÷ 12 = ₩____________

머니정산 감상평

♦ 장외채권 투자표

종목명			
구분			
신용등급			
이자지급 구분/ 주기			
표면금리			
은행예금환산 금리/ 세후연평균 수익률			
투자기간/ 만기일			
투자금액			
만기 시 예상 수익금			

◆ 채권형 펀드 투자 리스트

펀드명			
투자 이유			
투자 금액			
투자 날짜			
목표 수익률			
예상 환매 시기			
실제 환매 시기			
실현 수익률			
원금+수익 금액			
환매 이유			

♦ 채권형 펀드 투자 리스트

펀드명			
투자 이유			
투자 금액			
투자 날짜			
목표 수익률			
예상 환매 시기			
실제 환매 시기			
실현 수익률			
원금+수익 금액			
환매 이유			

✦ 돈이 되는 메모

✦ 돈이 되는 메모

◆ 2년차 <채권투자 핵심 노하우> 독서 감상표

밑줄 그으며 읽었던 내용

이것만은 기억하자

실천해 본 내용

3년차

✦ 펀드 ✦

FUND

✦ 3년차 추천도서

《좋은 펀드 나쁜 펀드》

신관수 저 / 이레미디어 / 2016

국내 펀드관련 책이 거의 없는 상황에서 펀드 개념부터 선택기준, 투자방법 그리고 장기저축보험상품인 변액(펀드로 운용)보험까지 쉽게 풀어 쓴 책입니다. 저자의 개인적인 투자방법과 의견에 다소 치우치는 부분도 있으니, 펀드에 대한 기초적인 지식을 쌓는 용도로 접근하시기를 추천합니다.

*** 이 부분은 꼭 읽자!**

PAGE 24~25, 40~45, 54~71, 87~102, 139~182

본격적인 투자의 시작

앞선 2년차 채권 투자를 통해 투자는 늘 어렵고 위험한 것이 아님을 어느 정도 깨달았을 것입니다.

만약 여러분이 세계 경제가 호황인 상황에서 투자적격 채권을 샀다면 기대 이하의 수익을 얻었을 것이고 하이일드채권에 투자했다면 만족할 만한 수익이 났을 것입니다. 반대로 세계 경제가 불황이거나 어려운 상황이었다면 투자적격 채권 투자는 좋은 성과를, 하이일드채권은 기대에 못 미치는 수익을 냈을 가능성이 높습니다.

이렇듯 투자는 늘 세계 경제 상황을 예의주시해야 그에 맞는 투자처를 골라서 수익을 낼 수 있습니다. 안정적인 채권 투자도 영향을 받는데, 앞으로 시작할 주식형 펀드 등의 고위험·고수익을 추구하는 투자는 더욱 더 많은 영향을 받겠죠? 그렇기 때문에 본격적인 투자에 앞서 여러분들이 매일 체크해야 할 미션이 있습니다!

✦ 신문과 뉴스로 세계 경제 흐름 읽기

우리는 흔히 착각합니다. 투자의 고수들은 우리가 모르는 고급정보를 갖고 있기 때문에 높은 수익을 올린다고요. 하지만 투자의 고수와 하수를 나누는 기준은 거시적인 세계 경제의 흐름을 파악할 수 있느냐 없느냐에 달렸습니다.

세계 경제가 어떤 식으로 흘러갈지 큰 방향성만 잡아도 투자할 곳은 넘쳐납니다. 그러나 대부분의 투자자들은 흐름에 편승하지 못한 채 방향을 잃곤 합니다. 단편적으로 지난 미-중 무역전쟁을 예로 들 수 있습니다. 무역전쟁이 심화될수록 세계 경제가 얼어붙고 투자자들의 투자심리가 위축됩니다. 이런 상황에서는 직전까지 좋았던 투자처라 할지라도 좋은 투자 성과를 얻기란 상당히 어렵습니다. 반대로 무역전쟁이 마무리가 되어 가는 상황이라면 그 전까지 마이너스를 기록했던 투자처들도 반등의 기회가 될 수 있겠죠?

이러한 기회를 포착하는 방법은 너무나 간단합니다. 경제신문을 읽어가며 세계 경제의 흐름을 느끼는 것입니다.

✦ 뉴스 읽는 방법

① 첫 2주는 접근성이 편한 인터넷 뉴스 위주로 읽는다

(※ 연예뉴스가 아닌 경제뉴스를 읽을 것!)

② 여러 경제 뉴스 중 관심 분야 위주로 읽어 본다

(ex. 부동산, 미국, 중국, 금리, 증시 등)

③ 출근 시간 15분만 투자해서 경제뉴스 5개를 읽는다

투자 초보자라면 당연히 경제 용어가 생소 할 수 있습니다. 그렇기 때문에 관심분야 위주로 읽는 것이죠. 관심 분야이기 때문에 조금 더 용어가 친숙하고 흥미를 느낄 수 있겠죠?

✦ 신문 읽는 방법

① 2주간 뉴스를 꾸준히 읽었다면 이제는 신문을 구독한다

② 신문이 오면 슬슬 넘기면서 헤드라인만 읽는다

③ 관심 분야의 뉴스는 헤드라인뿐만 아니라 본문까지 읽는다

④ 신문 또한 뉴스와 마찬가지로 신문 메인기사 1개와 관심분야 4개, 총 5개의 기사를 선정해서 읽고 투자에 어떻게 활용할지 생각해 본다

• (예시) 신문 제대로 읽어보기

날짜	이주의 이슈	투자 활용 노트
2019.1.14. ~1.21.	추락하던 중국증시의 반등. 류허 부총리의 증시 부양 발언때문이라고 함.	실제로 증시 부양 정책이 나온다면 투자해볼만 하겠다. 일단 50만 원만 투자해볼까?
2019.1.22. ~1.29	중국 증시 대규모 부양책 실행 예정.	50만 원만 투자해보고, 실제로 부양책이 이루어지면 조금 더 투자를 해야겠다.

펀드, 들어만 봤지 제대로 알지 못한다

우리가 예·적금 다음으로 많이 접하는 금융상품은 펀드입니다. 쉽게 접하고 쉽게 투자할 수 있는 펀드지만, 제대로 알고 있는 사람은 많지 않습니다. 펀드에 대해 무지한 상태에서 은행 혹은 증권사 직원의 추천만 믿고 묻지마 투자를 하는 경우도 많고요. 가장 쉬운 방법으로 분산 투자를 가능케 해주는 펀드, 이제 제대로 알고 시작해볼까요?

♦ 펀드란?

펀드의 사전적 정의는 다음과 같습니다.

펀드(Fund)

투자전문기관이 일반인들로부터 돈을 모아 주식·채권 등의 다양한 상품에 투자하고 여기서 올린 수익을 다시 투자자에게 나눠주는 투자 상품. 주식을 그냥 사고파는 직접투자와 대비되는 간접투자방식의 전형적인 예이다. (매일경제용어사전 참고)

들어도 무슨 소리인지 잘 모르겠다고요? 예를 들어 컵에 물이 담겨 있다면 물컵이겠죠? 컵에 커피가 담겨 있다면 커피컵(잔)이 됩니다. 펀드를 설명하는데 왜 갑자기 컵 얘기를 할까요? '컵=펀드'라고 생각하면 펀드를 이해하기 쉽습니다. 컵에 물이나 커피를 담듯 펀드에 채권을 담으면 채권형 펀드가 되고, 주식을 담으면 주식형 펀드, 금을 담으면 금 펀드가 됩니다.

삼성그룹 주식에 투자하고 싶은 A 씨가 있다고 가정해 보겠습니다. 삼성그룹 주식이 비싸서 A 씨가 가진 돈으로는 삼성그룹의 주식을 살 수 없습니다. 그렇다면 A 씨가 삼성그룹에 투자할 수 있는 방법은 없을까요?

이때 A 씨는 '삼성그룹 펀드'에 투자하면 됩니다. 천 원이든 만 원이든 투자하고 싶은 금액만큼 넣습니다. 혼자서는 삼성그룹 주식을 살 수 없지만 A 씨뿐만 아니라 많은 사람들이 이 펀드에 돈을 넣을 것이고, 그렇게 차곡차곡 쌓인 돈을 전문가가 투자자를 대신해서 삼성그룹에 투자합니다. 투자에 따른 이익이 생기면 A 씨는 자신이 투자한만큼 이익을 나눠 받고, 대신 투자해준 펀드매니저 혹은 금융회사에 수수료를 지불하는 것이죠.

이렇듯 펀드는 펀드라는 컵에 무엇을 담느냐에 따라 특성과 위험도, 기대수익이 달라지며, 내가 선택한 펀드를 운용하는 전문가가 내 돈을 대신 투자를 해주는 상품을 말합니다.

• **펀드의 위험도와 기대수익**

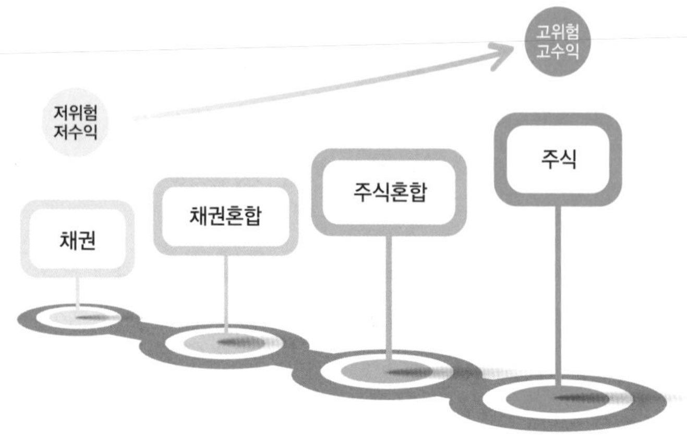

채권형 펀드 채권에 60% 이상 투자
채권혼합형펀드 주식에 50% 미만 투자 (채권 50% 이상 투자)
주식혼합형펀드 주식에 50% 이상 투자 (대부분 주식 50-59% 투자)
주식형펀드 주식에 60% 이상 투자

✦ 펀드 읽는 방법

펀드는 이름에 대부분의 정보가 들어있습니다. 펀드 이름 맨 앞에는 펀드를 만들고 운용하는 자산운용사의 이름이 나옵니다. 그 이후 순서대로 투자지역과 투자테마(운용전략), 투자자산이 나옵니다. 투자지역과 운용전략을 통해 펀드가 어떤 지역의 지수 혹은 산업의 성과를 추종하는지, 주식을 사는지 채권을 사는지도 알 수 있습니다. 물론 수수료 체계까지도 말이죠!

즉, 이름만 읽을 줄 알아도 펀드의 큰 틀을 파악할 수 있습니다. 그럼 실제 펀드를 예시로 알아볼까요?

프랭클린	미국	바이오 헬스케어	증권투자신탁	[주식]	Class C
자산운용사	투자지역	투자테마(전략)	펀드	투자자산	수수료 체계

'프랭클린 템플턴'이라는 자산운용사가 운용하는 펀드구나! 미국에 투자하는데, 미국 기업 중에서 바이오(제약)와 헬스케어(건강) 기업에 투자하네? 아! 그리고 주식이라고 써 있는 걸 보니 바이오 헬스케어 기업들의 주식을 사는 주식형 펀드구나. Class C면 수수료는 판매보수만 떼 가는 상품이군!

• 펀드의 수수료 체계

펀드 클래스	판매처	특징
A	금융회사 창구	· 선취 수수료를 부과하는 반면 판매보수는 낮음 · 장기 투자자에게 유리
C	금융회사 창구	· 선취 수수료는 없지만, 투자기간에 따라 보수를 부과 · 3~4개월 정도 투자한 뒤 환매하는 단기 투자자에게 유리
E	금융회사 온라인 펀드몰 펀드 슈퍼마켓	· 온라인으로 판매되어 선취 수수료가 없고, A,C 클래스보다 판매보수가 낮음 · 장·단기 투자자 모두에게 유리
S	펀드 슈퍼마켓	· 펀드 슈퍼마켓에서만 판매되어 A,C,E 클래스보다 판매보수가 낮음 · 3년 안에 환매할 경우 후취 수수료 부과 · 장기 투자자에게 유리

Q. 다음 펀드를 해석해보세요.

삼성 코리아 중기 채권 증권자투자신탁[채권] Class S

• 펀드의 종류

이름	내용
이머징	신흥시장(아시아, 브라질, 러시아, 인도, 중국, 남아프리카공화국 등)에 투자
가치주	기업의 가치가 저평가된 주식을 매수하여 장기간 투자한 후 수익을 창출
배당주	배당수익률이 높을 것으로 예상되는 종목에 집중적으로 투자
성장주	높은 수익 증대가 기대되는 회사의 주식을 고수익을 목표로 공격적으로 운용
중소형	시가총액 101위 이하 회사에 투자 (시가총액 101위~300위 중형주, 미만은 소형주로 분류)
대형주	시가총액 100위 이상 회사에 투자 (시가총액 100위 이상은 대형주로 분류)
인덱스	특정 시장지수 수익률을 추종하도록 설계된 펀드
레버리지	선물 투자를 통해 당일 등락률의 1.5배 투자 효과를 내도록 설계한 상품
리츠	소액투자자들의 자금으로 부동산에 전문적으로 투자를 하는 펀드
인컴펀드	채권, 부동산(리츠), 고배당주 등에 투자해 매매차익보다는 정기적인 이자, 배당 수익을 추구
국공채	중앙정부 혹은 지방자치단체가 발행한 채권에 투자
회사채	상장되어 있는 기업이 발행한 채권에 투자 (주로 대기업 채권 투자)
하이일드	신용등급이 낮은 투기등급 채권에 집중 투자

펀드 이름에 펀드의 특징이 나온다는 것은 이미 배워서 알고 있을 것입니다. 지금 배운 펀드의 종류를 참고하면 펀드 이름만 보고도 펀드 해석에 별다른 어려움은 없겠죠?

Q. 해당 펀드가 어떤 펀드인지 적어보세요

높은 수익 증대가 기대되는 회사의 주식을 고수익을 목표로 공격적으로 운용

시가총액 100위 이상 회사에 투자 (시가총액 100위 이상은 대형주로 분류)

신흥시장(아시아, 브라질, 러시아, 인도, 중국, 남아프리카공화국 등)에 투자

기업의 가치가 저평가된 주식을 매수하여 장기간 투자한 후 수익을 창출

배당수익률이 높을 것으로 예상되는 종목에 집중적으로 투자

특정 시장지수 수익률을 추종하도록 설계된 펀드

시가총액 101위 이하 회사에 투자 (시가총액 101위~300위 중형주, 미만은 소형주로 분류)

채권, 부동산(리츠), 고배당주 등에 투자해 매매차익보다는 정기적인 이자, 배당 수익을 추구

상장되어 있는 기업이 발행한 채권에 투자 (주로 대기업 채권 투자)

선물 투자를 통해 당일 등락률의 1.5배 투자 효과를 내도록 설계한 상품

소액투자자들의 자금으로 부동산에 전문적으로 투자를 하는 펀드

중앙정부 혹은 지방자치단체가 발행한 채권에 투자

신용등급이 낮은 투기등급 채권에 집중 투자

✦ 왜 펀드 투자를 해야 할까?

이미 펀드에 대한 여러 가지 설명과 펀드 읽는 방법 등을 통해 펀드가 무엇인지, 어떤 점이 좋은지 어느 정도 파악하셨으리라 생각합니다. 그래도 한눈에 볼 수 있도록 펀드 투자를 해야 하는 이유에 대해 다시 정리해 볼까요?

① 적은 비용으로 전문가에게 투자를 맡길 수 있다

개인투자자는 전문가처럼 세계 경제 분석과 투자시장 분석, 유망업종 분석, 종목 분석, 매수, 매도 등의 일련의 과정을 거치기 어렵습니다. 상당히 많은 시간을 투자해야 하기 때문이죠. 하지만 펀드의 경우 적은 비용(수수료)으로 전문가에게 투자를 맡길 수 있기 때문에 생업에 지장이 없습니다.

② 자연스러운 분산 투자가 가능하다

펀드는 적게는 수십 개에서 많게는 수백 개의 종목에 분산 투자를 합니다. 즉, 적은 돈으로도 분산 투자가 가능하므로 몰빵 투자로 인한 리스크를 낮출 수 있습니다.

③ 개인이 직접 투자하기 힘든 다양한 자산에 투자가 가능하다

최근에는 HTSHome Trading System, MTSMobile Trading System로 국내주식뿐만 아니라 해외주식까지도 언제 어디서든 투자가 가능해졌습니다. 그렇다고 모든 자산에 투자를 할 수 있는 것은 아닙니다. 물리적인 제약이 엄연히 존재하며 개인투자자의 투자 권한이 없거나 자본

문제로 투자하기 어려운 자산도 상당합니다. 특히 선박, 철도, 해외 부동산, 해외 파생상품 등은 개인투자자가 직접 투자하기는 어려우나, 펀드를 통해 간접 투자는 할 수 있습니다.

이처럼 펀드는 생업이 있는 개인투자자들이 필연적으로 가입할 수밖에 없는 상품입니다. 펀드의 필요성과 기초적인 개념을 이해했다면 조금 더 자세히 알아볼까요?

♦ 적립식 펀드와 거치식 펀드

펀드를 가입하기 위해 은행이나 증권사를 방문하면 늘 듣는 질문이 있습니다.

"적립식 펀드로 하실 건가요? 거치식 펀드로 하실 건가요?"

적립식 펀드 은행의 적금처럼 매달 일정한 날짜에 자동이체로 돈을 납입하여 투자하는 펀드

거치식 펀드 은행의 예금처럼 한번에 목돈을 넣고 투자하는 펀드

적립식은 적금, 거치식은 예금으로 이해하면 빠르겠죠? 그러나 사실 펀드는 적립식, 거치식이라는 개념이 없습니다. 펀드는 '자유 납입'이기 때문이죠. 자유 납입은 투자자가 투자하고 싶을 때 자유롭게 투자금을 납입하는 방식을 의미합니다. 즉, 펀드는 내가 돈을 내고 싶을 때만 내면 됩니다. 계속 넣어도 되고, 한번만 넣고 말아도 되고,

넣다가 말다가 해도 전혀 상관이 없습니다.

적립식 펀드, 거치식 펀드란 단어는 은행에 익숙해진 우리의 이해를 돕기 위해 탄생한 단어이며 단순한 납입 방식의 차이로만 알고 있으면 됩니다. 그렇다면 둘 중 어떤 납입 방식이 좋을까요?

① 적립식이 유리한 경우

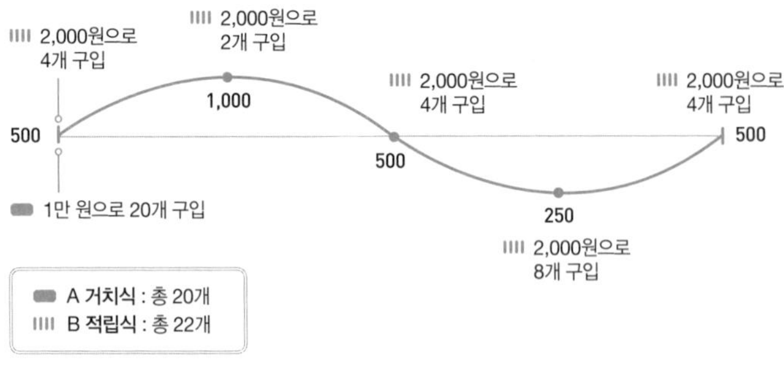

금값이 500원일 때 투자금 1만 원으로 동일하게 투자를 시작합니다. 금값이 중간에 변동은 있었으나, 투자 종료 시 처음 투자 가격과 동일하게 끝났습니다.

A는 거치식으로 투자하여 금값 500원일 때 1만 원으로 총 20개의 금을 샀습니다. B는 적립식으로 5번에 걸쳐 2,000원어치씩 구매해 총 22개의 금을 살 수 있었습니다. A는 거치식 투자 결과 원금 그대로이지만, B는 적립식 투자 결과 약간의 수익을 얻었습니다.

② 거치식이 유리한 경우

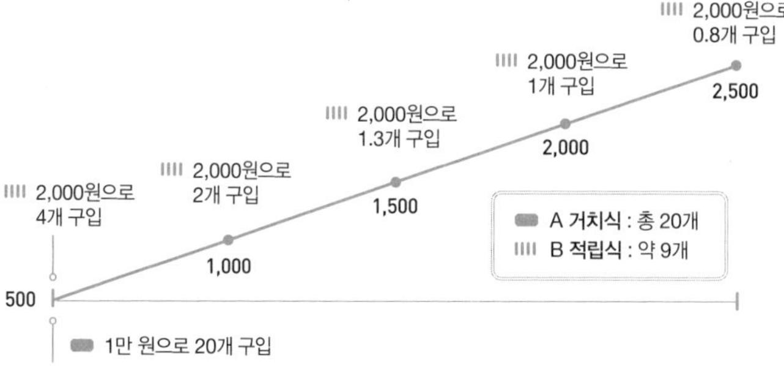

금값이 500원일 때 투자금 1만 원으로 동일하게 투자를 시작합니다. 금값이 꾸준히 상승하여, 투자 종료 시 처음 투자 가격의 5배의 상승이 있었습니다.

A는 거치식으로 투자를 하여 금값 500원일 때 1만 원으로 총 20개의 금을 샀고, B는 적립식으로 5번에 걸쳐 2,000원어치씩 약 9개의 금을 살 수 있었습니다. A와 B는 둘 다 수익이 났지만 A의 거치식 투자가 B의 적립식 투자보다 훨씬 더 많은 수익을 얻었습니다.

종합하자면, 적립식 투자의 경우 가격 하락 시기에 유용합니다. 매달 일정한 금액을 투자하면 가격이 높을 때는 적게 사지만, 가격이 낮을 때는 같은 돈으로 많이 살 수 있어 매입 단가 평균화 효과Cost Avaraging Effect를 얻을 수 있습니다. 거치식 투자의 경우 가격의 급상승 등 수익이 날 때 유리합니다. 단, 가격 하락시기에는 더 큰 손실을 입을 수 있죠. 가격 상승에 대한 확신이 있는 투자의 경우 거치식 투자를 추천하고, 장기적으로 투자할 계획이거나 초보 투자자라면 적립식 투자를 추천합니다.

시장 상황에 따른 펀드 투자 방법

펀드는 적금과 달리 '자유 납입'이라는 점 잊지 않으셨겠죠? 뿐만 아니라 적금은 만기까지 유지해야만 약속된 이자를 지급하지만, 펀드는 중간에 환매하더라도 환매조건에만 해당 되지 않는다면 이미 수익 난 부분은 그대로 받을 수 있습니다. 따라서 펀드는 시장 상황에 따라 유연하게 투자 비중을 조절할 수 있습니다.

환매조건이란?

채권형 펀드를 제외한 대부분의 펀드는 투자금 납입일로부터 90일이 지나지 않은 상태에서 환매할 때, 수익의 70%를 가져갑니다. 이를 '환매 조건'이라 부릅니다. 물론 투자금 납입 후 90일이 지났다면 별도의 불이익 없이 수익을 그대로 찾을 수 있습니다. (대부분 +90일이며 간혹 +180일 등도 있습니다) 채권형 펀드는 환매조건이 없으므로 언제든지 환매해도 수익을 그대로 찾아갈 수 있습니다.

시장 상황에 따라 투자 비중을 조절할 수 있다는 것은 알았는데, 어떤 상황에서 어떤 펀드를 투자해야 한다는 걸까요?

경제 신문과 뉴스를 꾸준히 읽었다면 어느 정도 시장의 하락과 상승에 대해 감이 잡힐 것입니다. 만약 신문과 뉴스를 읽고 판단을 내렸는데 확신이 없다면 KOSPI 지수와 중국 상해 종합 지수, S&P500 지수, EURO STOXX50 지수의 3개월, 1년 추세를 종합해서 판단하세요. 각종 지수는 인터넷 검색을 통해 간단하게 확인할 수 있습니다. 시장의 흐름을 읽은 뒤에는 그에 따른 적절한 투자의 종류와 비율을 알아봐야겠죠?

• 정센세가 생각하는 시장 예상에 따른 펀드 투자 종류

시장 상승 확신	선진국, 이머징, 국내 등 대부분의 주식형 펀드와 하이일드채권 펀드 위주로 투자
시장 상승 예상	인덱스 펀드와 배당주 펀드 위주로 투자
시장 하락 예상	인컴 펀드, 리츠 펀드, 회사채 펀드 위주로 투자
시장 하락 확신	국공채 펀드, 글로벌 채권 펀드, 안전자산(달러, 금, 엔) 펀드 투자

• 정센세가 생각하는 시장 예상에 따른 펀드 투자 비율

시장 예상	투자 비율
시장 상승 확신	주식형 펀드 비중 50% 이상
시장 상승 예상	주식형 펀드와 채권형 펀드 1:1 비율
시장 방향성 예측 불가	주식형 펀드 20-30% 채권형 펀드 70-80%
시장 하락 예상	주식형 펀드 10%, 채권형 펀드 90%
시장 하락 확신	주식형 펀드 금지

시장 예상에 따른 펀드 투자 종류와 비율은 투자의 갈피를 못 잡는 분들을 위한 일종의 가이드라인일 뿐이며 참고용입니다. 본인의 투자성향과 투자원칙, 투자금 사용 시기 등을 고려하여 본인의 투자 가이드라인을 잡아가시길 추천합니다.

• 재미로 보는 나의 투자 성향은?

단위: 만 원

Q. 1,000만 원이 있다면 어느 정도 금액을 투자할 것인가?

① 0-199 ② 200-399 ③ 400-599 ④ 600-799 ⑤ 800-1,000

Q. 1,000만 원을 투자한다면 공격적인 주식형 펀드에 비중을 어느 정도 넣을 것인가?

① 0-199 ② 200-399 ③ 400-599 ④ 600-799 ⑤ 800-1,000

Q. 100만 원을 투자하여 10만 원의 손실이 났다.

① 다신 투자 안 한다

② 안정적인 채권형 위주 투자

③ 채권, 주식 반반

④ 손실극복을 위한 주식형 위주 투자

⑤ 이미 손해봤으니 못 먹어도 Go! 주식형 올인

5점 이하	6~7점	8~9점	10~11점	12점 이상
안정형	**안정추구형**	**위험중립형**	**적극투자형**	**공격투자형**

✦ 좋은 펀드 고르는 방법

어느 정도 거시경제 흐름에 맞는 펀드를 고른다면 대부분 수익이 나기 마련입니다. 하지만 더 나은 수익을 추구하기 위해선 동일한 유형의 펀드들 사이에서도 낭중지추囊中之錐의 펀드를 찾아야겠죠? 뛰어난 두각을 나타내는 펀드를 찾는 간단한 방법을 소개해드리겠습니다.

좋은 펀드를 찾기 위해서는 운영 규모, 운영 기간, 펀드 보수, 숨어 있는 비용, 동종유형 성과 비교, 수익률 등 확인해야 할 것이 너무나 많지만, 생업이 따로 있는 개인투자자가 수많은 펀드를 일일이 다 뜯어볼 수는 없으므로 사실상 개인투자자가 좋은 펀드를 찾는 것은 쉽지 않습니다.

하지만 전문적으로 펀드를 평가하는 '펀드평가사'를 이용한다면 좋은 펀드를 손쉽게 찾을 수 있습니다. 국내펀드평가사는 대표적으로 제로인, 모닝스타, 에프앤가이드, 한국펀드평가가 있습니다. 각각의 평가사마다 평가 기준과 중요도가 다르므로 객관적인 판단을 위해서는 모든 평가사의 점수를 확인하는 것이 좋습니다. 그러나 매번 모든 평가사를 들어가서 확인하기는 번거롭겠죠? '펀드슈퍼마켓'에서는 국내 대표 펀드평가사의 평가를 모두 볼 수 있습니다.

① 펀드슈퍼마켓 홈페이지 (www.fundsupermarket.co.kr) 접속

② 펀드상품 » 펀드검색 » 찾고자 하는 펀드 유형, 운용전략 등 선택

③ 검색한 펀드 내에서 비교하고 싶은 펀드 체크

④ 펀드 비교 클릭

펀드비교

기본정보 | 성과비교 | 위험지표 | 포트폴리오 | 평가등급

기준일 : 2018.12.03

펀드명	□ 피델리티 글로벌테크놀로지증권자투자신탁 (주식-재간접형) S-PRS	□ 피델리티 글로벌테크놀로지증권자투자신탁 (주식-재간접형) S	□ 미래에셋 미국블루칩인덱스증권투자신탁1호 (주식) S	□ 유리 글로벌거래소증권자투자신탁1호 [주식] S
위험등급/수익률	보통 위험 / 53.84% 3년수익률	다소 높은 위험 / 53.84% 3년수익률	다소 높은 위험 / 41.08% 3년수익률	다소 높은 위험 / 34.91% 3년수익률
유형	해외 주식형	해외 주식형	해외 주식형	해외 주식형
상품 특징	-	-	Dow Jones Industrial Average 30 지수를 복제함과 동시에 ETF, 선물 등 자산에 투자하여 수익을 추구	전세계 주식시장에 상장된 각종 거래소와 거래소 유관기관이 발행한 외국주식 등에 투자하여 자본이득 추구
세제혜택	연금펀드	-	-	-
기준가(증감)	1,559.48 ▲12.39 (0.80%)	1,559.07 ▲12.38 (0.80%)	1,409.08 ▼1.06 (-0.08%)	1,313.09 ▲3.92 (0.30%)
펀드운용규모	5,208억원	5,208억원	225억원	1,103억원
유입액(1M)	▼7.50억원	▼7.50억원	▲2.94억원	▼57.40억원
판매액(1M)	▼0.18억원	▲0.03억원	▼0.12억원	▼0.79억원
설정일	2015.06.26	2015.06.24	2014.05.23	2014.05.08
판매수수료 ?	없음	후취 : 환매금액의 0.15% 이내 (3년 미만 환매시)	후취 : 환매금액의 0.15% 이내 (3년 미만 환매시)	후취 : 환매금액의 0.15% 이내 (3년 미만 환매시)
총보수(연)	0.345%	0.415%	0.93%	1.135%
환매수수료 ?	없음	없음	없음	없음

⑤ 제로인, 모닝스타, 에프앤가이드, 한국펀드평가 등급 확인

*화살표를 누르면 세부평가를 볼 수 있습니다

펀드비교

기본정보 | 성과비교 | 위험지표 | 포트폴리오 | 평가등급

기준일 : 2018.12

펀드명	□ 삼성 미국다이나믹자산배분증권자투자신탁H[주식혼합] S	□ 한국투자 골드플랜삼성그룹연금증권자투자신탁1호 (주식) S-P	□ 피델리티 글로벌테크놀로지증권자투자신탁 (주식-재간접형) S	□ 피델리티 글로벌배당인컴증권자투자신탁 (채권혼합-재간접형) S
위험등급/수익률	보통 위험 / 15.33% 3년수익률	낮은 위험 / 23.56% 3년수익률	다소 높은 위험 / 55.88% 3년수익률	낮은 위험 / 12.15% 3년수익률
제로인 ▾	■■■■■	■■■■■	■■■■■	■■■■■
모닝스타 ▾	☆☆☆☆☆	★★★☆☆	★★★★★	★★★★★
에프앤가이드 ▾	★★★★★	☆☆☆☆☆	☆☆☆☆☆	☆☆☆☆☆
한국펀드평가 ▾	★★★★★	☆☆☆☆☆	☆☆☆☆☆	★★★★☆

✦ 매일 적는 소비·저축달력

월

Sun	Mon	Tue
○ 저축 ○ 소비	○ 저축 ○ 소비	○ 저축 ○ 소비
○ 저축 ○ 소비	○ 저축 ○ 소비	○ 저축 ○ 소비
○ 저축 ○ 소비	○ 저축 ○ 소비	○ 저축 ○ 소비
○ 저축 ○ 소비	○ 저축 ○ 소비	○ 저축 ○ 소비
○ 저축 ○ 소비	○ 저축 ○ 소비	○ 저축 ○ 소비

Wed	Thu	Fri	Sat
	○ 저축 ○ 소비	○ 저축 ○ 소비	○ 저축 ○ 소비
	○ 저축 ○ 소비	○ 저축 ○ 소비	○ 저축 ○ 소비
	○ 저축 ○ 소비	○ 저축 ○ 소비	○ 저축 ○ 소비
	○ 저축 ○ 소비	○ 저축 ○ 소비	○ 저축 ○ 소비
	○ 저축 ○ 소비	○ 저축 ○ 소비	○ 저축 ○ 소비

✦ 매일 적는 소비·저축달력

월

Sun	Mon	Tue
○ 저축 ○ 소비	○ 저축 ○ 소비	○ 저축 ○ 소비
○ 저축 ○ 소비	○ 저축 ○ 소비	○ 저축 ○ 소비
○ 저축 ○ 소비	○ 저축 ○ 소비	○ 저축 ○ 소비
○ 저축 ○ 소비	○ 저축 ○ 소비	○ 저축 ○ 소비
○ 저축 ○ 소비	○ 저축 ○ 소비	○ 저축 ○ 소비

Wed	Thu	Fri	Sat
	○ 저축 ○ 소비	○ 저축 ○ 소비	○ 저축 ○ 소비
	○ 저축 ○ 소비	○ 저축 ○ 소비	○ 저축 ○ 소비
	○ 저축 ○ 소비	○ 저축 ○ 소비	○ 저축 ○ 소비
	○ 저축 ○ 소비	○ 저축 ○ 소비	○ 저축 ○ 소비
	○ 저축 ○ 소비	○ 저축 ○ 소비	○ 저축 ○ 소비

✦ 매일 적는 소비·저축달력

월

Sun	Mon	Tue
○ 저축 ○ 소비	○ 저축 ○ 소비	○ 저축 ○ 소비
○ 저축 ○ 소비	○ 저축 ○ 소비	○ 저축 ○ 소비
○ 저축 ○ 소비	○ 저축 ○ 소비	○ 저축 ○ 소비
○ 저축 ○ 소비	○ 저축 ○ 소비	○ 저축 ○ 소비
○ 저축 ○ 소비	○ 저축 ○ 소비	○ 저축 ○ 소비

Wed	Thu	Fri	Sat
	○저축 ○소비	○저축 ○소비	○저축 ○소비
	○저축 ○소비	○저축 ○소비	○저축 ○소비
	○저축 ○소비	○저축 ○소비	○저축 ○소비
	○저축 ○소비	○저축 ○소비	○저축 ○소비
	○저축 ○소비	○저축 ○소비	○저축 ○소비

✦ 매일 적는 소비·저축달력

월

Sun	Mon	Tue
○저축 ○소비	○저축 ○소비	○저축 ○소비
○저축 ○소비	○저축 ○소비	○저축 ○소비
○저축 ○소비	○저축 ○소비	○저축 ○소비
○저축 ○소비	○저축 ○소비	○저축 ○소비
○저축 ○소비	○저축 ○소비	○저축 ○소비

Wed	Thu	Fri	Sat
	○ 저축 ○ 소비	○ 저축 ○ 소비	○ 저축 ○ 소비
	○ 저축 ○ 소비	○ 저축 ○ 소비	○ 저축 ○ 소비
	○ 저축 ○ 소비	○ 저축 ○ 소비	○ 저축 ○ 소비
	○ 저축 ○ 소비	○ 저축 ○ 소비	○ 저축 ○ 소비
	○ 저축 ○ 소비	○ 저축 ○ 소비	○ 저축 ○ 소비

◆ 매일 적는 소비·저축달력

월

Sun	Mon	Tue
○ 저축 ○ 소비	○ 저축 ○ 소비	○ 저축 ○ 소비
○ 저축 ○ 소비	○ 저축 ○ 소비	○ 저축 ○ 소비
○ 저축 ○ 소비	○ 저축 ○ 소비	○ 저축 ○ 소비
○ 저축 ○ 소비	○ 저축 ○ 소비	○ 저축 ○ 소비
○ 저축 ○ 소비	○ 저축 ○ 소비	○ 저축 ○ 소비

Wed	Thu	Fri	Sat
	○ 저축 ○ 소비	○ 저축 ○ 소비	○ 저축 ○ 소비
	○ 저축 ○ 소비	○ 저축 ○ 소비	○ 저축 ○ 소비
	○ 저축 ○ 소비	○ 저축 ○ 소비	○ 저축 ○ 소비
	○ 저축 ○ 소비	○ 저축 ○ 소비	○ 저축 ○ 소비
	○ 저축 ○ 소비	○ 저축 ○ 소비	○ 저축 ○ 소비

◆ 매일 적는 소비·저축달력

월

Sun	Mon	Tue
○ 저축 ○ 소비	○ 저축 ○ 소비	○ 저축 ○ 소비
○ 저축 ○ 소비	○ 저축 ○ 소비	○ 저축 ○ 소비
○ 저축 ○ 소비	○ 저축 ○ 소비	○ 저축 ○ 소비
○ 저축 ○ 소비	○ 저축 ○ 소비	○ 저축 ○ 소비
○ 저축 ○ 소비	○ 저축 ○ 소비	○ 저축 ○ 소비

Wed	Thu	Fri	Sat
	○ 저축 ○ 소비	○ 저축 ○ 소비	○ 저축 ○ 소비
	○ 저축 ○ 소비	○ 저축 ○ 소비	○ 저축 ○ 소비
	○ 저축 ○ 소비	○ 저축 ○ 소비	○ 저축 ○ 소비
	○ 저축 ○ 소비	○ 저축 ○ 소비	○ 저축 ○ 소비
	○ 저축 ○ 소비	○ 저축 ○ 소비	○ 저축 ○ 소비

✦ 매일 적는 소비·저축달력

월

Sun	Mon	Tue
○ 저축 ○ 소비	○ 저축 ○ 소비	○ 저축 ○ 소비
○ 저축 ○ 소비	○ 저축 ○ 소비	○ 저축 ○ 소비
○ 저축 ○ 소비	○ 저축 ○ 소비	○ 저축 ○ 소비
○ 저축 ○ 소비	○ 저축 ○ 소비	○ 저축 ○ 소비
○ 저축 ○ 소비	○ 저축 ○ 소비	○ 저축 ○ 소비

Wed	Thu	Fri	Sat
	ㅇ저축 ㅇ소비	ㅇ저축 ㅇ소비	ㅇ저축 ㅇ소비
	ㅇ저축 ㅇ소비	ㅇ저축 ㅇ소비	ㅇ저축 ㅇ소비
	ㅇ저축 ㅇ소비	ㅇ저축 ㅇ소비	ㅇ저축 ㅇ소비
	ㅇ저축 ㅇ소비	ㅇ저축 ㅇ소비	ㅇ저축 ㅇ소비
	ㅇ저축 ㅇ소비	ㅇ저축 ㅇ소비	ㅇ저축 ㅇ소비

월

Sun	Mon	Tue
○ 저축 ○ 소비	○ 저축 ○ 소비	○ 저축 ○ 소비
○ 저축 ○ 소비	○ 저축 ○ 소비	○ 저축 ○ 소비
○ 저축 ○ 소비	○ 저축 ○ 소비	○ 저축 ○ 소비
○ 저축 ○ 소비	○ 저축 ○ 소비	○ 저축 ○ 소비
○ 저축 ○ 소비	○ 저축 ○ 소비	○ 저축 ○ 소비

Wed	Thu	Fri	Sat
	○ 저축 ○ 소비	○ 저축 ○ 소비	○ 저축 ○ 소비
	○ 저축 ○ 소비	○ 저축 ○ 소비	○ 저축 ○ 소비
	○ 저축 ○ 소비	○ 저축 ○ 소비	○ 저축 ○ 소비
	○ 저축 ○ 소비	○ 저축 ○ 소비	○ 저축 ○ 소비
	○ 저축 ○ 소비	○ 저축 ○ 소비	○ 저축 ○ 소비

✦ 매일 적는 소비·저축달력

월

Sun	Mon	Tue
○ 저축 ○ 소비	○ 저축 ○ 소비	○ 저축 ○ 소비
○ 저축 ○ 소비	○ 저축 ○ 소비	○ 저축 ○ 소비
○ 저축 ○ 소비	○ 저축 ○ 소비	○ 저축 ○ 소비
○ 저축 ○ 소비	○ 저축 ○ 소비	○ 저축 ○ 소비
○ 저축 ○ 소비	○ 저축 ○ 소비	○ 저축 ○ 소비

Wed	Thu	Fri	Sat
	○ 저축 ○ 소비	○ 저축 ○ 소비	○ 저축 ○ 소비
	○ 저축 ○ 소비	○ 저축 ○ 소비	○ 저축 ○ 소비
	○ 저축 ○ 소비	○ 저축 ○ 소비	○ 저축 ○ 소비
	○ 저축 ○ 소비	○ 저축 ○ 소비	○ 저축 ○ 소비
	○ 저축 ○ 소비	○ 저축 ○ 소비	○ 저축 ○ 소비

✦ 매일 적는 소비·저축달력

월

Sun	Mon	Tue
ㅇ저축 ㅇ소비	ㅇ저축 ㅇ소비	ㅇ저축 ㅇ소비
ㅇ저축 ㅇ소비	ㅇ저축 ㅇ소비	ㅇ저축 ㅇ소비
ㅇ저축 ㅇ소비	ㅇ저축 ㅇ소비	ㅇ저축 ㅇ소비
ㅇ저축 ㅇ소비	ㅇ저축 ㅇ소비	ㅇ저축 ㅇ소비
ㅇ저축 ㅇ소비	ㅇ저축 ㅇ소비	ㅇ저축 ㅇ소비

Wed	Thu	Fri	Sat
	○ 저축 ○ 소비	○ 저축 ○ 소비	○ 저축 ○ 소비
	○ 저축 ○ 소비	○ 저축 ○ 소비	○ 저축 ○ 소비
	○ 저축 ○ 소비	○ 저축 ○ 소비	○ 저축 ○ 소비
	○ 저축 ○ 소비	○ 저축 ○ 소비	○ 저축 ○ 소비
	○ 저축 ○ 소비	○ 저축 ○ 소비	○ 저축 ○ 소비

✦ 매일 적는 소비·저축달력

월

Sun	Mon	Tue
○저축 ○소비	○저축 ○소비	○저축 ○소비
○저축 ○소비	○저축 ○소비	○저축 ○소비
○저축 ○소비	○저축 ○소비	○저축 ○소비
○저축 ○소비	○저축 ○소비	○저축 ○소비
○저축 ○소비	○저축 ○소비	○저축 ○소비

Wed	Thu	Fri	Sat
	○ 저축 ○ 소비	○ 저축 ○ 소비	○ 저축 ○ 소비
	○ 저축 ○ 소비	○ 저축 ○ 소비	○ 저축 ○ 소비
	○ 저축 ○ 소비	○ 저축 ○ 소비	○ 저축 ○ 소비
	○ 저축 ○ 소비	○ 저축 ○ 소비	○ 저축 ○ 소비
	○ 저축 ○ 소비	○ 저축 ○ 소비	○ 저축 ○ 소비

✦ 매일 적는 소비·저축달력

월

Sun	Mon	Tue
○ 저축 ○ 소비	○ 저축 ○ 소비	○ 저축 ○ 소비
○ 저축 ○ 소비	○ 저축 ○ 소비	○ 저축 ○ 소비
○ 저축 ○ 소비	○ 저축 ○ 소비	○ 저축 ○ 소비
○ 저축 ○ 소비	○ 저축 ○ 소비	○ 저축 ○ 소비
○ 저축 ○ 소비	○ 저축 ○ 소비	○ 저축 ○ 소비

Wed	Thu	Fri	Sat
	ㅇ저축 ㅇ소비	ㅇ저축 ㅇ소비	ㅇ저축 ㅇ소비
	ㅇ저축 ㅇ소비	ㅇ저축 ㅇ소비	ㅇ저축 ㅇ소비
	ㅇ저축 ㅇ소비	ㅇ저축 ㅇ소비	ㅇ저축 ㅇ소비
	ㅇ저축 ㅇ소비	ㅇ저축 ㅇ소비	ㅇ저축 ㅇ소비
	ㅇ저축 ㅇ소비	ㅇ저축 ㅇ소비	ㅇ저축 ㅇ소비

✦ 소비 습관 점검을 위한 일 년 가계부

<table>
<tr><th colspan="5">상반기</th><th>1월</th><th>2월</th></tr>
<tr><td colspan="2" rowspan="4">IN
소득</td><td colspan="3">급여/사업소득</td><td></td><td></td></tr>
<tr><td colspan="3">인센티브</td><td></td><td></td></tr>
<tr><td colspan="3">기타소득</td><td></td><td></td></tr>
<tr><td colspan="3">합계</td><td></td><td></td></tr>
<tr><td rowspan="29">OUT
지출</td><td rowspan="16">OUT1</td><td rowspan="8">저축 및
투자</td><td rowspan="2">단</td><td>비상금</td><td></td><td></td></tr>
<tr><td>예·적금</td><td></td><td></td></tr>
<tr><td rowspan="3">중</td><td>펀드</td><td></td><td></td></tr>
<tr><td>주식</td><td></td><td></td></tr>
<tr><td>기타</td><td></td><td></td></tr>
<tr><td rowspan="3">장</td><td>주택청약</td><td></td><td></td></tr>
<tr><td>목돈마련</td><td></td><td></td></tr>
<tr><td>개인 연금</td><td></td><td></td></tr>
<tr><td colspan="3">합계</td><td></td><td></td></tr>
<tr><td rowspan="6">고정지출</td><td rowspan="2">주거</td><td>*월세</td><td></td><td></td></tr>
<tr><td>*공과금</td><td></td><td></td></tr>
<tr><td rowspan="2">부채</td><td>*대출이자</td><td></td><td></td></tr>
<tr><td>대출원금</td><td></td><td></td></tr>
<tr><td>보험</td><td>손해보험</td><td></td><td></td></tr>
<tr><td colspan="2">기타</td><td></td><td></td></tr>
<tr><td colspan="3">합계</td><td></td><td></td></tr>
<tr><td rowspan="12">OUT2</td><td rowspan="6">변동지출</td><td rowspan="3">교통비</td><td>*주유</td><td></td><td></td></tr>
<tr><td>대중교통</td><td></td><td></td></tr>
<tr><td>**택시비</td><td></td><td></td></tr>
<tr><td rowspan="2">통신비</td><td>핸드폰</td><td></td><td></td></tr>
<tr><td>소액결제</td><td></td><td></td></tr>
<tr><td>기타</td><td>경조사</td><td></td><td></td></tr>
<tr><td colspan="3">합계</td><td></td><td></td></tr>
<tr><td rowspan="4">소비지출</td><td rowspan="2">**
신용카드</td><td>사용액</td><td></td><td></td></tr>
<tr><td>할부금</td><td></td><td></td></tr>
<tr><td rowspan="2">현금</td><td>체크카드</td><td></td><td></td></tr>
<tr><td>현금</td><td></td><td></td></tr>
<tr><td colspan="3">합계</td><td></td><td></td></tr>
<tr><td></td><td>순수
생활비</td><td colspan="2">(소비지출+택시비+소액결제)
– 변동지출</td><td></td><td></td></tr>
</table>

3월	4월	5월	6월

✦ 소비 습관 점검을 위한 일 년 가계부

하반기					7월	8월
IN 소득		급여/사업소득				
		인센티브				
		기타소득				
		합계				
OUT 지출	OUT1	저축 및 투자	단	비상금		
				예·적금		
			중	펀드		
				주식		
				기타		
			장	주택청약		
				목돈마련		
				개인 연금		
		합계				
		고정지출	주거	*월세		
				*공과금		
			부채	*대출이자		
				대출원금		
			보험	손해보험		
			기타			
		합계				
	OUT2	변동지출	교통비	*주유		
				대중교통		
				**택시비		
			통신비	핸드폰		
				소액결제		
			기타	경조사		
		합계				
		소비지출	** 신용카드	사용액		
				할부금		
			현금	체크카드		
				현금		
		합계				
		순수 생활비	(소비지출+택시비+소액결제) – 변동지출			

9월	10월	11월	12월

✦ 일 년에 한 번, 머니 정산

단위: 만 원

date 20　.　.　~ 20　.　.

○ 시작 자산 ____________　○ 현재 자산 ____________

1년 세부표

○ 소득금액 : 급여______________, 상여________, 성과________, 기타________

○ 저축금액 : 단기__________, 중기__________, 장기__________, 기타__________

○ 고정지출 : 통신_____, 교통______, 보험_____, 대출이자/월세_____, 기타_____

○ 소비지출 : 소득금액____________ - (저축금액_________ + 고정지출_________)

1년 종합표

○ 총 소득금액 : ₩____________________

○ 총 저축금액 : ₩____________________

○ 총 고정지출 : ₩____________________

○ 총 소비지출 : ₩____________________

월별 평균표

○ 월별 평균 소득금액 : 총 소득금액 ÷ 12 = ₩_______________

○ 월별 평균 저축금액 : 총 저축금액 ÷ 12 = ₩_______________

○ 월별 평균 고정지출 : 총 고정지출 ÷ 12 = ₩_______________

○ 월별 평균 소비지출 : 총 소비지출 ÷ 12 = ₩_______________

머니정산 감상평

✦ 장외채권 투자표

종목명			
구분			
신용등급			
이자지급 구분/ 주기			
표면금리			
은행예금환산 금리/ 세후연평균 수익률			
투자기간/ 만기일			
투자금액			
만기 시 예상 수익금			

✦ 신문 제대로 읽어보기

날짜	이주의 이슈	투자 활용 노트

✦ 신문 제대로 읽어보기

날짜	이주의 이슈	투자 활용 노트

◆ 펀드 투자 리스트

펀드명			
투자 이유			
투자 금액			
투자 날짜			
목표 수익률			
예상 환매 시기			
실제 환매 시기			
실현 수익률			
원금+수익 금액			
환매 이유			

◆ 펀드 투자 리스트

펀드명			
투자 이유			
투자 금액			
투자 날짜			
목표 수익률			
예상 환매 시기			
실제 환매 시기			
실현 수익률			
원금+수익 금액			
환매 이유			

✦ 돈이 되는 메모

◆ 돈이 되는 메모

✦ 3년차 <좋은 펀드 나쁜 펀드> 독서 감상표

밑줄 그으며 읽었던 내용

이것만은 기억하자

실천해 본 내용

ETF

Exchange Traded Fund

✦ 4년차 추천도서

《주식투자 무작정 따라하기2: ETF》

윤재수 저 / 길벗 / 2009

5년차에 소개 될 《주식투자 무작정 따라하기》의 저자가 만든 ETF 책입니다. ETF 투자에 대한 안내서로 기초 개념부터 실전 투자까지 잘 정리되어 있습니다. 부록으로 저자가 생각하는 유망 ETF도 수록되어 있으니 참고하면 좋습니다.

*** 이 부분은 꼭 읽자!**

PART 1, 3, 4, 6, 8, 10, 11, 12, 17, 23

펀드의 장점은 살리고 단점을 극복한 ETF

3년차 펀드편을 읽고 펀드 투자를 해본 독자라면 적은 돈으로 다양한 자산과 종목에 분산투자가 가능한 펀드에 매력을 느낌과 동시에 사고파는 데 시간이 걸리는 불편함 또한 느꼈을 것입니다.

일반적인 시장 상황에서는 매수·매도의 시일차가 크게 와 닿지 않겠지만 변동성이 큰 시장에서는 이러한 차이가 크나큰 수익률 차이를 불러올 수 있습니다. 그렇기 때문에 펀드의 장점은 그대로 유지하면서 단점을 극복할 수 있는 상품의 필요성을 느끼는 투자자가 많습니다.

과연 펀드의 단점을 극복하고 장점만 유지시킨 상품이 있을까요? 바로 4년차에서 배울 ETF가 그런 상품입니다.

ETF(Exchange Traded Fund)란?
상장지수펀드로 특정지수를 모방한 포트폴리오를 구성하여 산출된 가격을 상장시킴으로써 주식처럼 자유롭게 거래되도록 설계된 지수상품

쉽게 말해, KOSPI200, KOSDAQ150과 같은 특정 주가지수, 금, 원유 등의 다양한 자산군에 투자가 가능한 주식시장에 상장된 펀드라고 보면 됩니다. 개별 종목을 고르지 않고 분산 투자가 가능한 펀드의 장점과 쉽고 편리하게 거래하고 수수료가 저렴한 주식의 장점을 함께 가지고 있습니다.

• **ETF vs. 펀드 vs. 주식**

구분	ETF		펀드	국내주식
	국내주식형 ETF	국내주식형 외 ETF		
실시간거래 (직접거래)	O	O	X	O
거래비용	가격에 포함 거의 없음	약 0.15~0.7%	총 보수의1~3% 판매 및 환매 수수료	대부분 무료
(매매차익) 세금	없음	15.40%	15.40%	증권거래세 0.3%
분배금 (배당금)	15.40%	15.40%	15.40%	15.40%
중도환매	없음	없음	3~6개월 이내 환매 시 이익금의 30~70% (채권형 제외)	없음

✦ 왜 ETF 투자를 해야 할까?

여기까지 설명을 들어도 아직은 ETF 투자의 장점 파악이 쉽지 않을 것입니다. ETF의 장점을 확실히 알아보고 ETF 투자의 필요성을 느껴보도록 하겠습니다.

① 실시간 거래가 가능하다

펀드는 시장에 즉시 대응이 불가능하나 ETF는 실시간거래로 인해 시장 상황에 맞춘 즉각적인 대응이 가능합니다. 일반적으로 펀드는 투자자가 펀드의 기준가격을 모른 채로 가입합니다. 국내주식형 펀드는 기준가격 결정하는 데 보통 하루가 소요됩니다. 해외 펀드의 경우는 국내주식형 펀드보다 시간이 더 오래 걸려서 가입을 해도 3~4일의 시간이 지난 뒤의 기준가격으로 가입됩니다. 그러나 ETF의 경우 주식과 마찬가지로 실시간 거래가 가능하므로 투자자가 원하는 시점과 가격에 매수·매도를 할 수 있습니다.

② 적은 금액으로 다양한 종목에 분산 투자할 수 있다

ETF도 일종의 펀드기 때문에 펀드와 마찬가지로 분산투자가 가능합니다. 특히나 시장 지수를 추종하는 ETF라면 적은 금액으로도 시장을 대표하는 우량주에 분산투자하는 효과를 얻을 수 있습니다. ETF가 아닌 개별 종목(주식)으로 시장 대표 우량주들을 사려고하면 돈이 많이 들겠죠?

③ 투자 수수료가 저렴하다

일반적으로 펀드는 적게는 1%에서 많게는 3% 이상까지 펀드 운용보수(수수료)를 지불합니다. ETF는 펀드임에도 불구하고 운용보수가 1% 미만으로 매우 낮은 수준이며, 사실상 ETF 가격에 운용보수가 포함되어 있으므로 크게 신경 쓸 필요가 없습니다.

④ 세금이 없다

주식의 경우 매도 시 증권거래세(0.3%)를 내야 합니다. ETF는 주식처럼 거래를 하면서도 증권거래세가 없습니다.

⑤ 중도환매수수료가 없다

채권형 펀드를 제외한 대부분의 펀드는 중도환매수수료가 있습니다. 즉, 펀드 가입 후 일정기간(통상 3~6개월)이내에 환매(매도)하면 수익금의 70%를 환매수수료로 내야 합니다. 하지만 ETF는 환매수수료가 없으므로 언제든지 매도 후 현금화가 가능합니다.

⑥ 주식보다 적은 위험으로 높은 수익률을 추구할 수 있다

주식은 시장 변화에 따른 리스크와 개별 종목(기업) 자체 변화에 따른 리스크가 공존하지만 ETF는 시장 변화에 따른 리스크만 존재하므로 주식에 비해 적은 위험으로 손쉽게 투자할 수 있습니다.

장기적인 ETF 투자로 시장 수익률을 추종한다면 개인투자자로는 성공적인 투자라고 할 수 있습니다. (대부분의 개인투자자의 수익률은 시장 수익률보다 낮기 때문!)

⑦ 하락장에서도 수익 추구가 가능하다

대부분의 개인투자자는 주식 하락장에서 수익을 추구하기가 어렵습니다. 하지만 ETF를 이용하면 하락장에 베팅을 할 수 있습니다. ETF 종류 중 '인버스'는 추종하는 해당 시장이 하락하게 될 경우 역으로 오르는 운용전략을 구사하므로 하락장에서도 ETF를 통해 수익추구가 가능합니다.

이처럼 ETF는 펀드와 주식에 비해 많은 장점을 가지고 있습니다. 《1억 노트》 3년차까지 잘 따라온 독자라면 이젠 거시적인 시장의 방향성을 읽을 수 있으므로 ETF 투자로도 좋은 성과를 얻을 수 있을 것입니다.

ETF, 너의 이름은?

펀드 이름에 많은 정보가 들어있다는 사실, 잊지 않으셨죠? ETF도 펀드 이름 읽기와 비슷합니다.

ETF 이름 맨 앞에는 ETF를 운용하는 자산운용사의 브랜드명이 나옵니다. 이름 중간에는 해당 ETF가 어떤 지수 혹은 업종·테마를 추종하는지 알 수 있습니다. 이름 마지막에는 해당 ETF의 운용전략이 나오게 됩니다.

KODEX	코스닥 150	레버리지
자산운용사	ETF가 추종하는 지수/테마	운용전략

KODEX(삼성자산운용의 브랜드명)이니까 삼성자산운용이 운용하고, KOSDAQ에 상장한 상위 150개 종목의 평균 지수를 추종하는 ETF구나! 레버리지라고 써 있는 것을 보니 KOSDAQ150 지수가 1% 상승하면 2% 상승, 반대로 KOSDAQ150 지수가 1% 하락하면 2% 하락하는 상품이네!

펀드보다는 이름 읽기가 쉬운 편인데, 아직 어려운가요?

ETF 이름에 들어가는 자산운용사와 지수, 운용전략 용어가 아직 낯설기 때문입니다. 그럼 주요 자산운용사와 지수, 운용전략 용어들을 배워볼까요?

✦ ETF의 운용사

ETF 이름 앞에는 KODEX(코덱스), TIGER(타이거), KOSEF(코세프) 등의 명칭이 들어가 있습니다. 이 명칭들은 해당 ETF를 운용하는 자산운용사의 브랜드를 의미합니다.

ex. KODEX200: 삼성자산운용에서 운용하는 KOSPI200 지수를 추종하는 ETF

브랜드명	자산운용사
KODEX(코덱스)	삼성자산운용
TIGER(타이거)	미래에셋자산운용
KBSTAR(케이비스타)	KB자산운용
ARIRANG(아리랑)	한화자산운용
KINDEX(킨덱스)	한국투자신탁운용
KOSEF(코세프)	키움투자자산운용
파워	교보악사운용
TREX(트렉스)	유리자산운용
마이다스	마이다스에셋운용
마이티	DB자산운용
FOCUS(포커스)	하이자산운용
SMART(스마트)	신한BNP파리바자산운용

✦ ETF가 추종하는 지수

ETF 이름에는 숫자가 들어가 있는 경우가 많습니다. ETF 이름에 있는 숫자의 의미는 해당 시장의 시가총액 상위 몇 개 기업을 뜻하는 것입니다.

ex. KODEX 코스닥150 레버리지: 코스닥시장 시가총액 상위 150개 기업을 추종

추종	종목
KOSPI(코스피) 지수	KOSPI
KOSDAQ(코스닥) 지수	KOSDAQ, KOSTAR, KOSDAQ Premier
KOSPI + KOSDAQ 종합 지수	KRX
미국 지수	S&P500, NASDAQ(나스닥)
유럽 지수	EURO STOXX(유로스탁스)
중국(홍콩) 지수	HSCEI(홍콩항셍), CSI(심천, 상해)
일본 지수	TOPIX(토픽스), Nikkei(니케이)
베트남 지수	VN
인도 지수	Nifty(니프티)
MSCI 지수	MSCI

ETF 이름에 해당 지수와 숫자가 나오면 어떻게 읽어야 하는지 이제는 아시겠죠?

✦ 지수가 아닌 업종·테마를 좇는 ETF

고배당	KOSPI 시가총액 상위 200개 종목 중 배당수익률이 높은 종목에 투자
배당성장	KOSPI 배당성장지수50 추종
주도업종	시장을 주도할 수 있는 업종의 대표주에 주로 투자
경기방어	KOSPI200 필수소비재 지수 추종
필수소비재	KRX 필수소비재지수 추종
로우볼	KOSPI 시가총액 상위 200개 종목 중 변동성이 낮은 종목에 투자
IT	삼성전자, SK하이닉스 등에 투자
반도체	SK하이닉스, 고영, 서울반도체, 원익IPS 등에 투자
자동차	기아차, 현대모비스, 현대차, 한온시스템, 한국타이어 등에 투자
에너지화학	SK이노베이션, LG화학, S-Oil, 롯데케미칼 등에 투자
헬스케어	셀트리온, 셀트리온헬스케어, 삼성바이오로직스, 신라젠 등에 투자
바이오	레고켐바이오, 강스템바이오텍, 오스코텍, CMG제약 등에 투자
은행	신한지주, 우리은행, KB금융, 하나금융지주 등에 투자
증권	한국금융지주, 미래에셋대우, NH투자증권, 삼성증권 등에 투자
건설	현대건설, 삼성엔지니어링, GS건설 등에 투자

그밖에 삼성그룹 ETF, LG그룹 ETF, 5대그룹주 ETF 등 여러 ETF가 있습니다. 시장지수 ETF뿐만 아니라 업종·테마 ETF를 통해 다양한 자산 배분이 가능하다는 점 또한 ETF의 장점입니다.

✦ ETF 운용전략

ETF의 운용사와 브랜드명, 지수, 업종·테마 등 알아볼 게 많아서 힘드시죠? 운용전략은 간단해서 몇 개 없으니 쉽게 익힐 수 있습니다. 게다가 ETF의 장점인 하락장에서도 수익을 추구할 수 있는 방법이 ETF 운용전략을 꼭 알아야 할 수 있으니 조금만 더 힘내봅시다!

레버리지	· 1.5배, 2배, 3배 등이 있으나 국내 레버리지 ETF는 대부분 2배 · 추종 지수 1% 상승 시 레버리지 ETF는 2% 상승, 1% 하락 시 ETF 2% 하락 · 즉, 추종 지수의 성과 x2 라고 보면 된다.
인버스	· 추종 지수의 하락에 배팅을 하는 ETF 운용전략 · 추종 지수가 1% 상승 시 인버스ETF –1% 하락 · 1% 하락 시 인버스ETF 1% 상승
인버스2X	· 기존 인버스와 같으나 레버리지의 성격을 가졌다. · 추종 지수 1% 상승 시 인버스2X ETF –2% 하락, -1% 하락 시 인버스2X ETF 2% 상승

※ 레버리지, 인버스, 인버스2X는 파생상품이므로 추종 지수를 완벽하게 1배, 2배를 추구하진 못합니다. 그와 근접하게 추구할 뿐입니다.

Q. 브랜드명을 통해 자산운용사를 맞춰보세요.

KOSEF(코세프)

ARIRANG(아리랑)

KBSTAR(케이비스타)

TIGER(타이거)

KODEX(코덱스)

KINDEX(킨덱스)

파워

FOCUS(포커스)

SMART(스마트)

마이다스

마이티

TREX(트렉스)

Q. 종목을 보고 어떤 지수를 추종하는지 맞춰보세요.

HSCEI, CSI	지수 추종
KRX	지수 추종
TOPIX, Nikkei	지수 추종
S&P500, NASDAQ	지수 추종
KOSPI	지수 추종
EURO STOXX	지수 추종
MSCI	지수 추종
VN	지수 추종
KOSDAQ, KOSTAR, KOSDAQ Premier	지수 추종
Nifty	지수 추종

✦ 정센세의 꿀Tip

간단하게 ETF를 검색하고 구성종목을 알아보자!

① 초록창에 ETF 검색

② ETF 더보기 클릭

증권정보

국내증시 ▾ ETF ▾

종목명	현재가	전일대비	등락률	시가총액	거래량
KODEX 200	27,275	▲ 995	+3.79%	5조7,550억	5,190,313주
TIGER 200	27,240	▲ 975	+3.71%	2조8,397억	1,415,688주
KODEX 레버리지	12,115	▲ 820	+7.26%	2조6,507억	27,457,891주
KODEX 코스닥…	12,600	▲ 1,325	+11.75%	1조6,291억	45,576,745주
KODEX 200TR	8,350	▲ 280	+3.47%	1조2,124억	548,207주
KBSTAR 200	27,260	▲ 960	+3.65%	1조2,103억	549,840주
KODEX 단기채권	101,430	▲ 5	0.00%	1조1,021억	16,477주
KODEX 코스닥…	11,990	▲ 690	+6.11%	1조701억	7,535,235주
KODEX 삼성그룹	6,560	▲ 195	+3.06%	1조607억	1,590,752주
KODEX 단기채…	101,520	▲ 5	0.00%	8,541억	6,540주

ETF 더보기 ›

③ 확인하고 싶은 ETF 클릭

전체 | 국내 시장지수 | 국내 업종/테마 | 국내 파생 | 해외 주식 | 원자재 | 채권 | 기타

종목명	현재가	전일비	등락률	NAV	3개월수익률	거래량	거래대금(백만)	시가총액(억)
KODEX 삼성그룹	6,560	▲ 195	+3.06%	6,576	-2.89%	1,590,752	10,316	10,608
TIGER TOP 10	8,095	▲ 240	+3.06%	8,123	-9.55%	3	0	5,683
ARIRANG 고배당주	12,190	▲ 215	+1.80%	12,192	-1.85%	34,868	422	3,017
TIGER 200IT	20,000	▲ 900	+4.71%	19,983	-8.97%	138,795	2,760	2,216
TIGER 중국소비테마	7,030	▲ 225	+3.31%	7,052	-11.63%	13,965	97	2,145
TIGER 경기방어	10,895	▲ 160	+1.49%	10,926	-11.06%	15,324	166	1,813
TIGER 헬스케어	34,455	▲ 1,990	+6.13%	34,434	-9.98%	61,646	2,084	1,406
TIGER 코스피중형주	11,540	▲ 280	+2.49%	11,635	-12.34%	119	1	1,142
KODEX 은행	7,800	▲ 150	+1.96%	7,817	-5.68%	137,153	1,066	932
KODEX 증권	6,160	▲ 430	+7.50%	6,169	-5.08%	545,924	3,288	792
KBSTAR KQ고배당	10,620	▲ 380	+3.71%	10,660	-11.72%	20,159	207	743
KBSTAR 고배당	9,975	▲ 250	+2.57%	9,973	-3.57%	35	0	574
KODEX 200가치저변동	7,975	▲ 260	+3.37%	7,979	-6.67%	4,522	35	479
KBSTAR 중소형고배당	8,725	▲ 250	+2.95%	8,723	-10.79%	109	0	471
KODEX 고배당	8,505	▲ 155	+1.86%	8,505	-7.25%	6,756	56	442
KODEX 필수소비재	8,755	▲ 55	+0.63%	8,821	-15.41%	3,014	26	438
KINDEX 삼성그룹섹터가중	9,820	▲ 330	+3.48%	9,818	-1.31%	97	0	354
KBSTAR 모멘텀로우볼	10,935	▲ 335	+3.16%	10,934	-7.68%	33	0	334
KODEX 삼성그룹밸류	7,050	▲ 195	+2.84%	7,073	-2.62%	143	0	331
KBSTAR 모멘텀밸류	10,955	▲ 430	+4.09%	10,956	-7.94%	59	0	329

④ ETF 분석 클릭

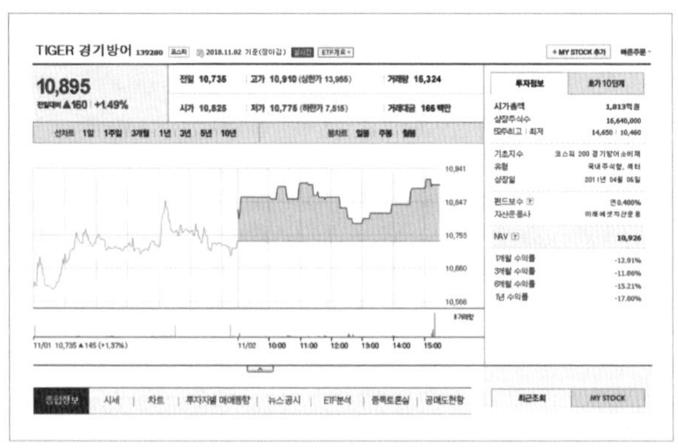

⑤ 구성 종목 확인

CU당 구성종목 [기준:18.11.02]

구성종목명	주식수(계약수)	구성비중(%)
셀트리온	165	17.86
SK텔레콤	87	10.25
KT&G	193	8.64
LG생활건강	16	8.49
한국전력	538	6.55
KT	371	4.89
삼성바이오로직스	25	4.59

* CU : 설정단위(Creation unit)

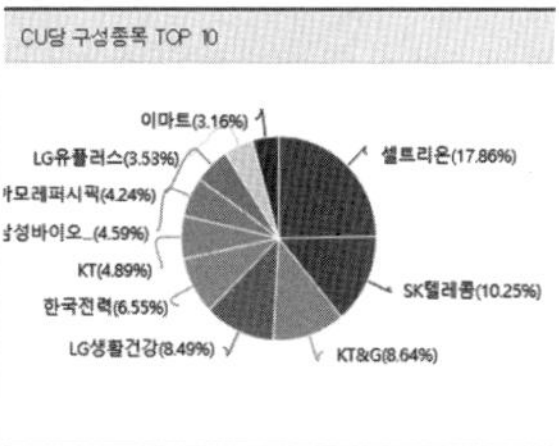

CU당 구성종목 TOP 10

이마트(3.16%)
LG유플러스(3.53%)
아모레퍼시픽(4.24%)
삼성바이오...(4.59%)
KT(4.89%)
한국전력(6.55%)
LG생활건강(8.49%)
KT&G(8.64%)
SK텔레콤(10.25%)
셀트리온(17.86%)

그 밖의 ETF

ETF도 펀드의 일종이기 때문에 펀드처럼 다양한 자산에도 투자 가능합니다. ETF로 투자가 가능한 자산은 금, 은, 구리, 콩, 농산물, 원유, 달러, 부동산(리츠) 등이 있지만 가급적 농산물이나 원자재 ETF는 피하는 것이 좋습니다. 변동폭이 크기 때문에 개인이 투자하기엔 리스크가 높습니다. 기왕이면 상대적으로 변동폭이 낮은 금, 원유, 달러 위주로 투자하시기 바랍니다.

채권과 ETF를 한번에!

✦ 채권 투자자의 답답함을 해소하는 채권 ETF

설마 2년차에서 배웠던 채권을 잊은 것은 아니겠죠? 안정적인 투자성향을 가진 독자라면 그동안 장외채권과 채권형 펀드 위주로 투자를 진행하고 있을 것입니다.

장외채권에 주로 투자했다면 만기까지 현금화가 불가능하다는 문제와 함께 적은 금액으로 투자하기엔 다소 무리가 있다는 점을 느꼈을 것이고, 채권형 펀드 투자자라면 경기변동 혹은 금리상황에 따라 적절하게 대응하고 싶다는 욕구가 있을 수 있습니다. 장외채권의 문제점과 채권형 펀드 투자자의 욕구를 해소시켜 주는 것이 바로 '채권 ETF'입니다.

✦ 채권 ETF의 장점

① 소액으로도 간편하게 투자가 가능하다

채권은 목돈을 투자하는 경향이 짙습니다. 채권 ETF는 소액으로도 얼마든지 투자가 가능합니다.

② 만기를 채우지 않더라도 이자수익을 얻을 수 있다

보통 채권은 만기까지 갖고 있어야 이자수익을 얻을 수 있지만 채권 ETF는 이자가 ETF 가격에 균등하게 반영되어 있으므로 매매 시점과 상관없이 이자가 발생합니다.

③ 자금 유동성을 가질 수 있다

②에서 보았듯 어느 시점이건 이자수익을 얻을 수 있으므로 투자자가 원하는 날짜에 현금화해도 이자손해는 없습니다. ETF의 장점을 살려 쉽고 빠른 현금화로 자금 유동성을 가질 수 있습니다.

✦ 채권 ETF의 종류, 수익률 그리고 위험도

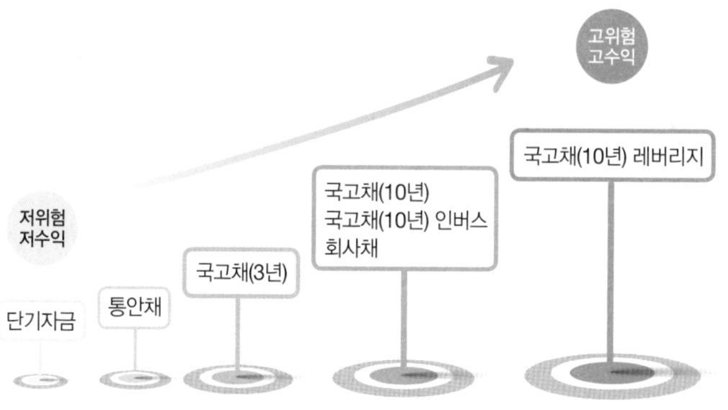

※ 채권 ETF 이름에 국고채라고만 적혀있다면 국고채 3년입니다. 국고채 10년은 이름에 10년이라고 적혀있습니다.

채권 ETF의 수익은 신용등급에 따른 이자수익도 있지만 채권 듀레이션에 따른 매매차익을 무시할 수 없습니다.

듀레이션이란?

투자자금 평균 회수기간(현재가치를 기준으로 채권에 투자한 원금을 회수하는데 걸리는 시간)

- 이자율 변동과 채권가격은 반비례한다.
- 듀레이션과 이자율 변동이 클수록 채권가격 변동 폭은 커진다.
- 듀레이션이 짧을수록 이자율 변동에 따른 채권가격의 변동이 적다.
- 듀레이션이 길수록 이자율 변동에 따른 채권가격 변동이 크다.

어렵죠........?

간단하게 설명하자면, 채권의 듀레이션이 길수록 채권가격의 변동폭이 커지므로 고위험·고수익이 됩니다. 통상적으로 채권의 만기가 길수록 듀레이션도 길어지게 됩니다. 즉, 국고채 3년의 듀레이션보다 국고채 10년의 듀레이션이 길기 때문에 국고채 10년이 3년에 비해 고위험·고수익이 되는 것이죠.

✦ 듀레이션과 신용등급을 활용한 채권 ETF 투자 비법

① 듀레이션이 길면 시장상황에 따른 변동폭이 크므로 자연적으로 고위험·고수익이 된다

② 금리 변화 시에는 듀레이션 중요하다

③ 경기 변화 시에는 듀레이션보다 신용등급이 더 중요하다

자, 그럼 실제로 활용해볼까요?

금리 상승	시장금리가 올라가므로 채권가격은 떨어진다. 즉, 듀레이션이 길면 손해가 크다.
금리 하락	시장금리가 내려가므로 채권가격은 올라간다. 즉, 듀레이션이 길면 수익이 크다.

금리 상승 시에는 듀레이션이 짧은 채권, 하락 시에는 듀레이션이 긴 채권이 유리합니다.

경기 하락	안전자산 선호 > 신용등급 높은 채권 수요 증가 > 신용등급 높은 채권 가격 상승
경기 상승	경기 회복 > 가산금리 축소 > 신용등급 낮은 채권 수요 증가 > 신용등급 낮은 채권 가격 상승

경기 상승 국면에는 신용등급이 낮은 채권, 하락 국면에는 신용등급이 높은 채권이 유리합니다. 경기가 상승할 때 더 높은 수익을 추구하려면 신용등급이 낮고 듀레이션이 긴 장기채권을, 경기가 하락할 때 더 높은 수익을 추구하려면 신용등급이 높고 듀레이션이 긴 장기채권에 투자하세요. 수익이 아닌 안전성을 추구하는 투자자라면 듀레이션이 긴 채권보다는 짧은 채권이 더 안정적입니다.

이 부분은 채권 투자를 하는 사람뿐만 아니라 투자자라면 꼭 외워야 하는 부분입니다. 투자를 하다보면 항상 상승장만 있는 것이 아니므로 하락장에서도 어떤 식으로 대처해야 하는지 알아야 합니다. 이해가 안 되더라도 무조건 외운다는 생각으로 꼭 기억하세요!

Q. 경기 하락이 예상 될 때 가장 좋은 투자처는?

① 신용등급이 높고 듀레이션이 짧은 단기채권

② 신용등급이 낮고 듀레이션이 긴 채권

③ 신용등급이 높고 듀레이션이 긴 채권

④ 신용등급이 낮고 듀레이션이 짧은 단기채권

해설

경기 하락이 예상된다면 안전자산 선호 현상이 벌어지므로 신용등급이 높은 채권이 좋습니다.

① 신용등급은 맞으나 좀 더 좋은 선택은 듀레이션이 길면 하락장에서 더 높은 수익을 추구할 수 있습니다

② Worst! 안전자산을 선호하므로 신용등급이 낮으면 해당 채권 가격이 내려가고 듀레이션이 길기 때문에 그에 따른 변동폭이 더 커지므로 큰 손해를 입게 됩니다

③ Best! 신용등급이 높고 듀레이션이 긴 국채에 투자하는 것이 가장 좋습니다 (ex. 미국 국채)

④ 신용등급이 낮은 상품을 선택했다는 자체가 안타깝습니다

- **(예시) ETF 투자를 시작하자!**

ETF	KODEX 200	KODEX 200선물인버스2X	
투자 이유	글로벌 경기 호황	무역전쟁으로 인한 시장하락 확신	
투자 금액	10,000,00원	10,400,000원	
투자 날짜	2017.06.26	2018.06.11	
목표 수익률	8%	12%	
예상 매도 시기	2020	2019.01	
실제 매도 시기	2018.06.04	2018.12.05	
실현 수익률	4%	33%	
원금+수익 금액	10,400,000원	13,832,000원	
매도 이유	무역전쟁으로 인한 경기하락 예상	미-중 협상으로 인한 무역전쟁 종료 예상	

✦ 매일 적는 소비·저축달력

월

Sun	Mon	Tue
○ 저축 ○ 소비	○ 저축 ○ 소비	○ 저축 ○ 소비
○ 저축 ○ 소비	○ 저축 ○ 소비	○ 저축 ○ 소비
○ 저축 ○ 소비	○ 저축 ○ 소비	○ 저축 ○ 소비
○ 저축 ○ 소비	○ 저축 ○ 소비	○ 저축 ○ 소비
○ 저축 ○ 소비	○ 저축 ○ 소비	○ 저축 ○ 소비

Wed	Thu	Fri	Sat
	○저축 ○소비	○저축 ○소비	○저축 ○소비
	○저축 ○소비	○저축 ○소비	○저축 ○소비
	○저축 ○소비	○저축 ○소비	○저축 ○소비
	○저축 ○소비	○저축 ○소비	○저축 ○소비
	○저축 ○소비	○저축 ○소비	○저축 ○소비

✦ 매일 적는 소비·저축달력

월

Sun	Mon	Tue
○ 저축 ○ 소비	○ 저축 ○ 소비	○ 저축 ○ 소비
○ 저축 ○ 소비	○ 저축 ○ 소비	○ 저축 ○ 소비
○ 저축 ○ 소비	○ 저축 ○ 소비	○ 저축 ○ 소비
○ 저축 ○ 소비	○ 저축 ○ 소비	○ 저축 ○ 소비
○ 저축 ○ 소비	○ 저축 ○ 소비	○ 저축 ○ 소비

Wed	Thu	Fri	Sat
	○ 저축 ○ 소비	○ 저축 ○ 소비	○ 저축 ○ 소비
	○ 저축 ○ 소비	○ 저축 ○ 소비	○ 저축 ○ 소비
	○ 저축 ○ 소비	○ 저축 ○ 소비	○ 저축 ○ 소비
	○ 저축 ○ 소비	○ 저축 ○ 소비	○ 저축 ○ 소비
	○ 저축 ○ 소비	○ 저축 ○ 소비	○ 저축 ○ 소비

✦ 매일 적는 소비·저축달력

월

Sun	Mon	Tue
○ 저축 ○ 소비	○ 저축 ○ 소비	○ 저축 ○ 소비
○ 저축 ○ 소비	○ 저축 ○ 소비	○ 저축 ○ 소비
○ 저축 ○ 소비	○ 저축 ○ 소비	○ 저축 ○ 소비
○ 저축 ○ 소비	○ 저축 ○ 소비	○ 저축 ○ 소비
○ 저축 ○ 소비	○ 저축 ○ 소비	○ 저축 ○ 소비

Wed	Thu	Fri	Sat
	○ 저축 ○ 소비	○ 저축 ○ 소비	○ 저축 ○ 소비
	○ 저축 ○ 소비	○ 저축 ○ 소비	○ 저축 ○ 소비
	○ 저축 ○ 소비	○ 저축 ○ 소비	○ 저축 ○ 소비
	○ 저축 ○ 소비	○ 저축 ○ 소비	○ 저축 ○ 소비
	○ 저축 ○ 소비	○ 저축 ○ 소비	○ 저축 ○ 소비

✦ 매일 적는 소비·저축달력

월

Sun	Mon	Tue
○ 저축 ○ 소비	○ 저축 ○ 소비	○ 저축 ○ 소비
○ 저축 ○ 소비	○ 저축 ○ 소비	○ 저축 ○ 소비
○ 저축 ○ 소비	○ 저축 ○ 소비	○ 저축 ○ 소비
○ 저축 ○ 소비	○ 저축 ○ 소비	○ 저축 ○ 소비
○ 저축 ○ 소비	○ 저축 ○ 소비	○ 저축 ○ 소비

Wed	Thu	Fri	Sat
	ㅇ저축 ㅇ소비	ㅇ저축 ㅇ소비	ㅇ저축 ㅇ소비
	ㅇ저축 ㅇ소비	ㅇ저축 ㅇ소비	ㅇ저축 ㅇ소비
	ㅇ저축 ㅇ소비	ㅇ저축 ㅇ소비	ㅇ저축 ㅇ소비
	ㅇ저축 ㅇ소비	ㅇ저축 ㅇ소비	ㅇ저축 ㅇ소비
	ㅇ저축 ㅇ소비	ㅇ저축 ㅇ소비	ㅇ저축 ㅇ소비

✦ 매일 적는 소비·저축달력

월

Sun	Mon	Tue
ㅇ저축 ㅇ소비	ㅇ저축 ㅇ소비	ㅇ저축 ㅇ소비
ㅇ저축 ㅇ소비	ㅇ저축 ㅇ소비	ㅇ저축 ㅇ소비
ㅇ저축 ㅇ소비	ㅇ저축 ㅇ소비	ㅇ저축 ㅇ소비
ㅇ저축 ㅇ소비	ㅇ저축 ㅇ소비	ㅇ저축 ㅇ소비
ㅇ저축 ㅇ소비	ㅇ저축 ㅇ소비	ㅇ저축 ㅇ소비

Wed	Thu	Fri	Sat
	○ 저축 ○ 소비	○ 저축 ○ 소비	○ 저축 ○ 소비
	○ 저축 ○ 소비	○ 저축 ○ 소비	○ 저축 ○ 소비
	○ 저축 ○ 소비	○ 저축 ○ 소비	○ 저축 ○ 소비
	○ 저축 ○ 소비	○ 저축 ○ 소비	○ 저축 ○ 소비
	○ 저축 ○ 소비	○ 저축 ○ 소비	○ 저축 ○ 소비

✦ 매일 적는 소비·저축달력

월

Sun	Mon	Tue
ㅇ저축 ㅇ소비	ㅇ저축 ㅇ소비	ㅇ저축 ㅇ소비
ㅇ저축 ㅇ소비	ㅇ저축 ㅇ소비	ㅇ저축 ㅇ소비
ㅇ저축 ㅇ소비	ㅇ저축 ㅇ소비	ㅇ저축 ㅇ소비
ㅇ저축 ㅇ소비	ㅇ저축 ㅇ소비	ㅇ저축 ㅇ소비
ㅇ저축 ㅇ소비	ㅇ저축 ㅇ소비	ㅇ저축 ㅇ소비

Wed	Thu	Fri	Sat
	○ 저축 ○ 소비	○ 저축 ○ 소비	○ 저축 ○ 소비
	○ 저축 ○ 소비	○ 저축 ○ 소비	○ 저축 ○ 소비
	○ 저축 ○ 소비	○ 저축 ○ 소비	○ 저축 ○ 소비
	○ 저축 ○ 소비	○ 저축 ○ 소비	○ 저축 ○ 소비
	○ 저축 ○ 소비	○ 저축 ○ 소비	○ 저축 ○ 소비

✦ 매일 적는 소비·저축달력

월

Sun	Mon	Tue
○ 저축 ○ 소비	○ 저축 ○ 소비	○ 저축 ○ 소비
○ 저축 ○ 소비	○ 저축 ○ 소비	○ 저축 ○ 소비
○ 저축 ○ 소비	○ 저축 ○ 소비	○ 저축 ○ 소비
○ 저축 ○ 소비	○ 저축 ○ 소비	○ 저축 ○ 소비
○ 저축 ○ 소비	○ 저축 ○ 소비	○ 저축 ○ 소비

Wed	Thu	Fri	Sat
	○ 저축 ○ 소비	○ 저축 ○ 소비	○ 저축 ○ 소비
	○ 저축 ○ 소비	○ 저축 ○ 소비	○ 저축 ○ 소비
	○ 저축 ○ 소비	○ 저축 ○ 소비	○ 저축 ○ 소비
	○ 저축 ○ 소비	○ 저축 ○ 소비	○ 저축 ○ 소비
	○ 저축 ○ 소비	○ 저축 ○ 소비	○ 저축 ○ 소비

✦ 매일 적는 소비·저축달력

월

Sun	Mon	Tue
○ 저축 ○ 소비	○ 저축 ○ 소비	○ 저축 ○ 소비
○ 저축 ○ 소비	○ 저축 ○ 소비	○ 저축 ○ 소비
○ 저축 ○ 소비	○ 저축 ○ 소비	○ 저축 ○ 소비
○ 저축 ○ 소비	○ 저축 ○ 소비	○ 저축 ○ 소비
○ 저축 ○ 소비	○ 저축 ○ 소비	○ 저축 ○ 소비

Wed	Thu	Fri	Sat
	○ 저축 ○ 소비	○ 저축 ○ 소비	○ 저축 ○ 소비
	○ 저축 ○ 소비	○ 저축 ○ 소비	○ 저축 ○ 소비
	○ 저축 ○ 소비	○ 저축 ○ 소비	○ 저축 ○ 소비
	○ 저축 ○ 소비	○ 저축 ○ 소비	○ 저축 ○ 소비
	○ 저축 ○ 소비	○ 저축 ○ 소비	○ 저축 ○ 소비

월

Sun	Mon	Tue
○저축 ○소비	○저축 ○소비	○저축 ○소비
○저축 ○소비	○저축 ○소비	○저축 ○소비
○저축 ○소비	○저축 ○소비	○저축 ○소비
○저축 ○소비	○저축 ○소비	○저축 ○소비
○저축 ○소비	○저축 ○소비	○저축 ○소비

Wed	Thu	Fri	Sat
	○ 저축 ○ 소비	○ 저축 ○ 소비	○ 저축 ○ 소비
	○ 저축 ○ 소비	○ 저축 ○ 소비	○ 저축 ○ 소비
	○ 저축 ○ 소비	○ 저축 ○ 소비	○ 저축 ○ 소비
	○ 저축 ○ 소비	○ 저축 ○ 소비	○ 저축 ○ 소비
	○ 저축 ○ 소비	○ 저축 ○ 소비	○ 저축 ○ 소비

◆ 매일 적는 소비·저축달력

월

Sun	Mon	Tue
ㅇ저축 ㅇ소비	ㅇ저축 ㅇ소비	ㅇ저축 ㅇ소비
ㅇ저축 ㅇ소비	ㅇ저축 ㅇ소비	ㅇ저축 ㅇ소비
ㅇ저축 ㅇ소비	ㅇ저축 ㅇ소비	ㅇ저축 ㅇ소비
ㅇ저축 ㅇ소비	ㅇ저축 ㅇ소비	ㅇ저축 ㅇ소비
ㅇ저축 ㅇ소비	ㅇ저축 ㅇ소비	ㅇ저축 ㅇ소비

Wed	Thu	Fri	Sat
축 비	○ 저축 ○ 소비	○ 저축 ○ 소비	○ 저축 ○ 소비
축 비	○ 저축 ○ 소비	○ 저축 ○ 소비	○ 저축 ○ 소비
축 비	○ 저축 ○ 소비	○ 저축 ○ 소비	○ 저축 ○ 소비
축 ㅣ	○ 저축 ○ 소비	○ 저축 ○ 소비	○ 저축 ○ 소비
	○ 저축 ○ 소비	○ 저축 ○ 소비	○ 저축 ○ 소비

✦ 매일 적는 소비·저축달력

월

Sun	Mon	Tue
○ 저축 ○ 소비	○ 저축 ○ 소비	○ 저축 ○ 소비
○ 저축 ○ 소비	○ 저축 ○ 소비	○ 저축 ○ 소비
○ 저축 ○ 소비	○ 저축 ○ 소비	○ 저축 ○ 소비
○ 저축 ○ 소비	○ 저축 ○ 소비	○ 저축 ○ 소비
○ 저축 ○ 소비	○ 저축 ○ 소비	○ 저축 ○ 소비

Wed	Thu	Fri	Sat
	○ 저축 ○ 소비	○ 저축 ○ 소비	○ 저축 ○ 소비
	○ 저축 ○ 소비	○ 저축 ○ 소비	○ 저축 ○ 소비
	○ 저축 ○ 소비	○ 저축 ○ 소비	○ 저축 ○ 소비
	○ 저축 ○ 소비	○ 저축 ○ 소비	○ 저축 ○ 소비
	○ 저축 ○ 소비	○ 저축 ○ 소비	○ 저축 ○ 소비

월

Sun	Mon	Tue
○ 저축 ○ 소비	○ 저축 ○ 소비	○ 저축 ○ 소비
○ 저축 ○ 소비	○ 저축 ○ 소비	○ 저축 ○ 소비
○ 저축 ○ 소비	○ 저축 ○ 소비	○ 저축 ○ 소비
○ 저축 ○ 소비	○ 저축 ○ 소비	○ 저축 ○ 소비
○ 저축 ○ 소비	○ 저축 ○ 소비	○ 저축 ○ 소비

Wed	Thu	Fri	Sat
	○ 저축 ○ 소비	○ 저축 ○ 소비	○ 저축 ○ 소비
	○ 저축 ○ 소비	○ 저축 ○ 소비	○ 저축 ○ 소비
	○ 저축 ○ 소비	○ 저축 ○ 소비	○ 저축 ○ 소비
	○ 저축 ○ 소비	○ 저축 ○ 소비	○ 저축 ○ 소비
	○ 저축 ○ 소비	○ 저축 ○ 소비	○ 저축 ○ 소비

✦ 소비 습관 점검을 위한 일 년 가계부

상반기					1월	2월
IN 소득	급여/사업소득					
	인센티브					
	기타소득					
	합계					
OUT 지출	OUT1	저축 및 투자	단	비상금		
				예·적금		
			중	펀드		
				주식		
				기타		
			장	주택청약		
				목돈마련		
				개인 연금		
		합계				
		고정지출	주거	*월세		
				*공과금		
			부채	*대출이자		
				대출원금		
			보험	손해보험		
			기타			
		합계				
	OUT2	변동지출	교통비	*주유		
				대중교통		
				**택시비		
			통신비	핸드폰		
				소액결제		
			기타	경조사		
		합계				
		소비지출	**신용카드	사용액		
				할부금		
			현금	체크카드		
				현금		
		합계				
		순수 생활비	(소비지출+택시비+소액결제) – 변동지출			

3월	4월	5월	6월

✦ 소비 습관 점검을 위한 일 년 가계부

하반기					7월	8월
IN 소득		급여/사업소득				
		인센티브				
		기타소득				
		합계				
OUT 지출	OUT1	저축 및 투자	단	비상금		
				예·적금		
			중	펀드		
				주식		
				기타		
			장	주택청약		
				목돈마련		
				개인 연금		
		합계				
		고정지출	주거	*월세		
				*공과금		
			부채	*대출이자		
				대출원금		
			보험	손해보험		
			기타			
		합계				
	OUT2	변동지출	교통비	*주유		
				대중교통		
				**택시비		
			통신비	핸드폰		
				소액결제		
			기타	경조사		
		합계				
		소비지출	** 신용카드	사용액		
				할부금		
			현금	체크카드		
				현금		
		합계				
		순수 생활비	(소비지출+택시비+소액결제) – 변동지출			

9월	10월	11월	12월

✦ 일 년에 한 번, 머니 정산

단위: 만 원

date 20 　. 　. 　~ 20 　. 　.

○ 시작 자산 __________ 　○ 현재 자산 __________

1년 세부표

○ 소득금액 : 급여__________, 상여_______, 성과_______, 기타_______

○ 저축금액 : 단기________, 중기________, 장기________, 기타________

○ 고정지출 : 통신_____, 교통_____, 보험_____, 대출이자/월세_____, 기타_____

○ 소비지출 : 소득금액__________ - (저축금액________ + 고정지출________)

1년 종합표

○ 총 소득금액 : ₩________________

○ 총 저축금액 : ₩________________

○ 총 고정지출 : ₩________________

○ 총 소비지출 : ₩________________

월별 평균표

○ 월별 평균 소득금액 : 총 소득금액 ÷ 12 = ₩____________

○ 월별 평균 저축금액 : 총 저축금액 ÷ 12 = ₩____________

○ 월별 평균 고정지출 : 총 고정지출 ÷ 12 = ₩____________

○ 월별 평균 소비지출 : 총 소비지출 ÷ 12 = ₩____________

머니정산 감상평

◆ 장외채권 투자표

종목명			
구분			
신용등급			
이자지급 구분/ 주기			
표면금리			
은행예금환산 금리/ 세후연평균 수익률			
투자기간/ 만기일			
투자금액			
만기 시 예상 수익금			

✦ 신문 제대로 읽어보기

날짜	이주의 이슈	투자 활용 노트

✦ 신문 제대로 읽어보기

날짜	이주의 이슈	투자 활용 노트

◆ 펀드 투자 리스트

펀드명			
투자 이유			
투자 금액			
투자 날짜			
목표 수익률			
예상 환매 시기			
실제 환매 시기			
실현 수익률			
원금+수익 금액			
환매 이유			

◆ 펀드 투자 리스트

펀드명			
투자 이유			
투자 금액			
투자 날짜			
목표 수익률			
예상 환매 시기			
실제 환매 시기			
실현 수익률			
원금+수익 금액			
환매 이유			

✦ ETF 투자를 시작하자!

ETF			
투자 이유			
투자 금액			
투자 날짜			
목표 수익률			
예상 매도 시기			
실제 매도 시기			
실현 수익률			
원금+수익 금액			
매도 이유			

✦ ETF 투자를 시작하자!

ETF			
투자 이유			
투자 금액			
투자 날짜			
목표 수익률			
예상 매도 시기			
실제 매도 시기			
실현 수익률			
원금+수익 금액			
매도 이유			

✦ 돈이 되는 메모

✦ 돈이 되는 메모

✦ 4년차 <주식투자 무작정 따라하기2: ETF> 독서 감상표

밑줄 그으며 읽었던 내용

이것만은 기억하자

실천해 본 내용

5년차

국내 주식

Domestic Stock

✦ 5년차 추천도서

《주식투자 무작정 따라하기》(개정판)

윤재수 저 / 길벗 / 2017

국내 주식 책의 스테디셀러이자 베스트셀러로 주식 초보자들의 바이블과 같은 책입니다. 초보자를 위한 계좌개설부터 주식 사는 방법, 경기변동과 주식투자의 상관관계, 차트분석까지 총 망라하기 때문에 주식투자 개념을 잡기 좋습니다. 부록으로 작가가 생각하는 유망테마주도 수록되어 있습니다.

*** 이 부분은 꼭 읽자!**

SECTION 4, 5, 6, 8, 9, 10, 18, 32

투자의 꽃,
주식

《1억 노트》를 통해 저축부터 채권, 펀드, ETF를 거친 여러분, 드디어 투자의 꽃 '주식'을 배워 볼 차례입니다.

사실 주식이라고 하면 많은 사람들이 반대를 합니다. 반대의 이유는 간단합니다. 주식투자로 성공한 사람보다 실패한 사람을 더 많이 봐왔기 때문입니다. 그럼에도 왜 주식이 투자의 꽃이며, 마지막 5년차에서 추천하는 걸까요?

현재 여러분은 지난 4년간 이 책을 통해 투자의 기본기를 쌓았습니다. 그간의 배움과 투자를 통해 본인 스스로 어느 정도 투자의 방향을 설정할 수 있고 원칙을 지키며 절제할 수 있다고 믿기 때문입니다.

만약 채권, 펀드, ETF 투자를 하지 않고 바로 주식으로 넘어오는 독자라면 주식을 추천하지 않습니다. 적어도 ETF는 경험하고 주식투자를 하기 바랍니다.

✦ 주식투자, 왜 해야 할까?

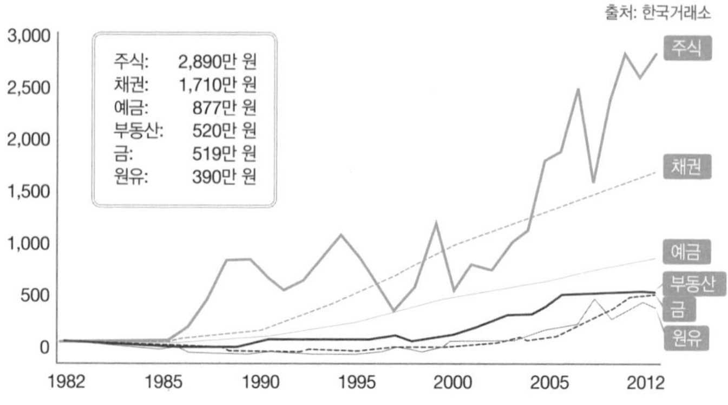

1982년 말에 100만 원을 각각의 자산에 투자했다고 가정했을 때 30년 뒤 투자 수익률입니다. 주식은 약 29배, 채권 약 17배, 예금 약 9배, 부동산 약 5배, 금 약 5배, 원유 약 4배. 그때로 돌아간다면 어떤 자산에 투자 하실 건가요? 과거에만 주식의 수익률이 빛났던 것일까요? 앞으로의 주식시장은 어떻게 될까요?

• 전 세계 노동소득 분배율 추이(1960-2016)

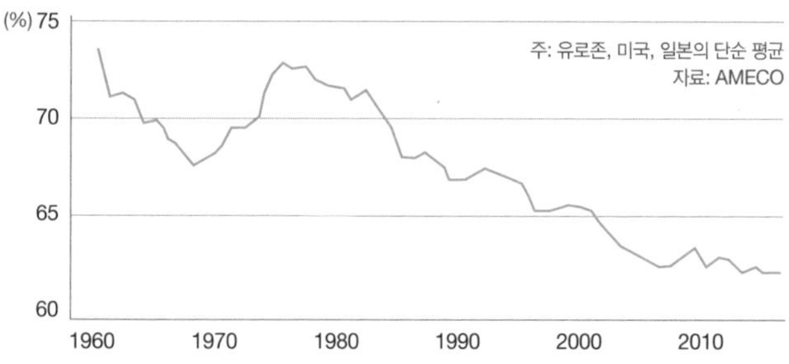

• **국민총소득에서 가계·기업·정부 비중**

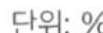

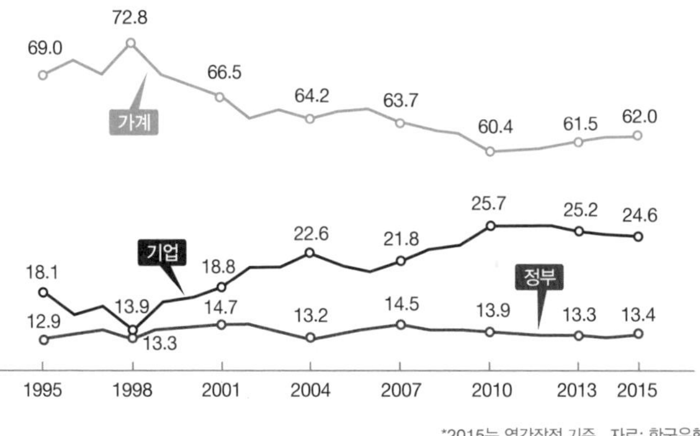

*2015는 연간잠정 기준 자료: 한국은행

세계적인 추세로 노동소득 분배율은 점차 줄어들고 있습니다. 즉, 기업의 이익금에 비해 노동자에게 돌아가는 임금의 비중이 점차 낮아지고 있다는 뜻이죠. 이유는 무엇일까요? IT 기술 발전으로 인한 노동 대체뿐만 아니라 기업의 세계 진출로 인한 저렴한 노동력 확보가 주된 원인일 것입니다.

우리나라의 경우는 더욱 심각해서 OECD 통계 기준의 노동소득 분배율에서 하위권에 속해 있습니다. 이를 확인할 수 있는 것이 국민총소득에서 가계·기업·정부의 비중인데 위 그래프를 보면 국민총소득에서 가계의 비중은 점차 줄어들며 기업의 비중이 늘어나고 있습니다. 즉, 전체적인 소득 부분에서 가계의 소득은 줄어들고 기업의 이익은 늘어난다고 해석할 수 있습니다.

노동소득보다 자본소득의 비중이 점차 높아지는 상황에 우리는 어떻게 대처해야 할까요? 당연히 우리의 노동소득을 적절하게 투자하여 자본소득을 얻으려고 노력해야 합니다.

노동소득 국민의 생산 활동으로 발생한 소득 (ex. 월급)
자본소득 자본의 소유자가 그 자본을 활용하여 얻는 이익 (ex. 기업의 매출, 투자 수익 등)

노동소득의 자본소득화는 기업에 투자하면 가능해집니다. 기업에 투자하는 방법은? 당연히 주식입니다. 과거에도 그랬고 앞으로도 주식은 올바르게 투자만 한다면 다른 자산보다 높은 수익을 안겨줄 수 있습니다. 아직도 주식이 필요없다고 느끼시나요?

주식을 매수하기 전에 기억해야 할 것

✦ 우량주만이 능사가 아니다

주식을 시작했다고 주변에 말해보세요. 조금이라도 주식 투자를 해본 사람이라면 너도 나도 조언을 할 것입니다. 그 중 가장 많은 조언은 이런 게 아닐까요?

"삼성전자 같은 우량주 사서 푹~ 묵혀놔."

• **S&P 500 기업의 예상 평균 수명**(기업 생존여부에 근거)

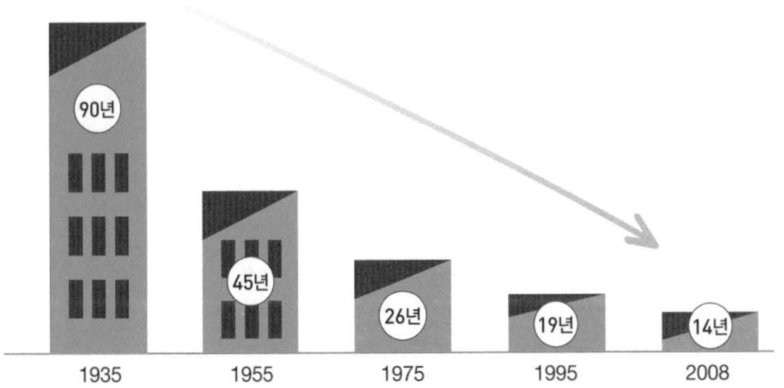

• **한국 기업의 평균 수명**

자료: 2015 미래 유망기술 세미나

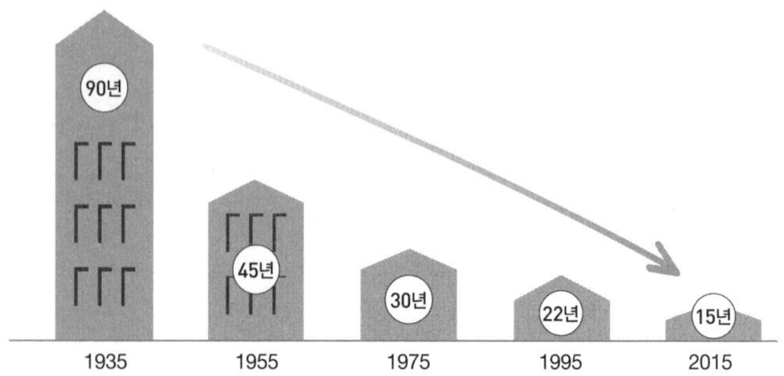

세계적으로도 국내에서도 기업의 평균 수명은 점차 짧아지고 있습니다. 시대가 변하는 속도가 점점 빨라지면서 시대 변화에 대처하지 못하는 기업들은 점점 도태되기 때문입니다. 대기업(우량주)이라고 예외는 아닙니다.

• **시가총액 상위 10개 기업**

자료: S&P Capital IQ

순위	2008년	2018년
1	페트로차이나	애플
2	엑손모빌	알파벳
3	GE	아마존
4	중국이동통신	마이크로소프트
5	마이크로소프트	텐센트
6	중국공상은행	페이스북
7	페트로브라스	버크셔해서웨이
8	로열더치셸	알리바바
9	AT&T	JP모건
10	P&G	존슨&존슨

아직도 우량주만 믿고 있는 건 아니겠죠? 오늘 우량주였다고 내일도 우량주라는 확신을 할 수 없는 시대입니다. 무작정 우량주보다는 시대의 변화에 맞는 기업을 찾아 투자하는 것이 좋습니다.

✦ 주도주(주도업종)을 찾아라

주도주란 주식시장에서 전반적인 주가의 상승을 이끌어가는 인기주 집단을 말합니다. 약세장(주식이 하락하는 추세의 시장)에서는 시장을 리드하는 주도주가 딱히 없지만, 강세장(주식이 상승하는 추세의 시장)에서는 시장을 리드하는 주도주가 뚜렷이 보입니다.

주도주가 시장을 리드한다는 것은 시장의 관심이 주도주쪽으로 쏠려있고, 상대적으로 다른 업종은 주도주에 비해 관심을 받지 못한다는 의미입니다. 주도주는 시장을 리드하는 만큼 다른 업종들과는 비교할 수 없는 수익률을 보여줍니다.

• 시기별 국내 주도주업

1970년대	건설주
1980년대	금융주
1990년대	기술주
2000년대	IT, 조선, 철강, 화학주
2010~2011년	자동차, 화학, 정유주
2012~2014년	스마트폰, 중국 관련 소비주
2015년	제약 바이오, 중국 관련 소비주
2016~2017년	제약 바이오, IT 기술주
2018년	뚜렷한 주도주 없음

저평가된 좋은 기업을 찾았다 하더라도 주도주가 시장을 지배하고 있는 상황에서는 생각만큼 높은 수익이 나지 않는다는 뜻이며, 반대로 주도주를 잘 찾기만 하면 시장의 흐름에 편승하여 높은 수익률을 추구할 수 있다는 뜻이기도 합니다.

신문과 경제뉴스를 꾸준히 읽었다면 앞으로 유망한 업종이 어느 정도 눈에 보일 것입니다. 내가 생각한 유망 업종이 주식시장에서 주도주로 활약하고 있는지 한눈에 확인해볼까요?

① 다음(www.daum.net) » 금융 » 국내 » 전체 업종 시세

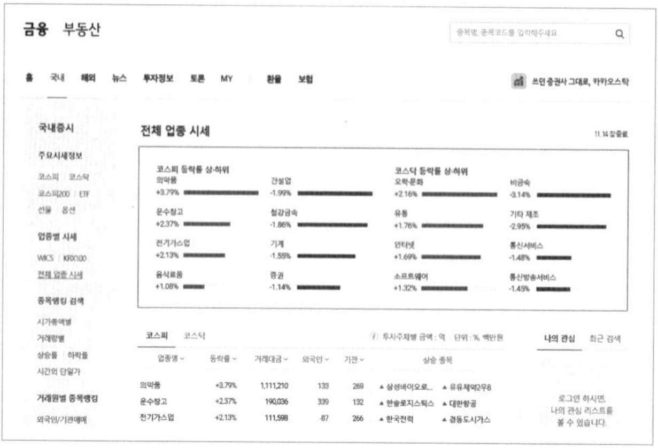

② 보고 싶은 업종 클릭

코스피　코스닥　　　　투자주체별 금액 : 억 | 단위 : %, 백만원

업종명	등락률	거래대금	외국인	기관	상승 종목	
철강금속	+1.00%	170,467	8	240	▲ 신화실업	▲ 동부제철우
전기가스업	+0.89%	53,751	38	72	▲ 지역난방공사	▲ 삼천리
종이목재	+0.79%	93,238	-29	-2	▲ 대영포장	▲ 모나리자
유통업	+0.77%	298,577	41	229	⬆ 웰바이오텍	▲ 남성
음식료품	+0.65%	247,921	-43	80	▲ 보해양조	▲ 무학
전기전자	+0.58%	1,076,653	1,080	583	▲ 써니전자	▲ 성문전자
운수창고	+0.37%	64,586	-4	84	▲ KCTC	▲ 한솔로지스틱스
은행	+0.27%	35,810	0	-35	▲ 우리은행	– 제주은행
건설업	+0.17%	150,489	27	87	▲ 진흥기업우B	▲ HDC현대산업...
시가총액규모대	+0.17%	2,964,843	481	2,016	▲ 동서	▲ 오리온

③ 1개월, 3개월, 1년, 3년 차트를 보면서 주도주의 가능성을 찾아본다.

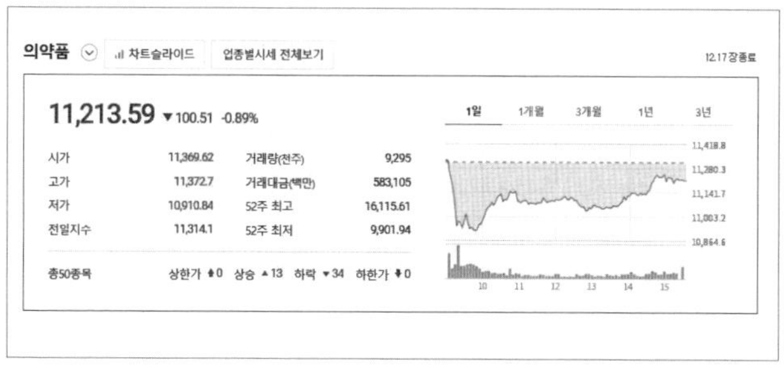

✦ 초보자라면 배당주에 투자하라

사실 주식초보자에게 가장 두려운 부분은 주식의 높은 등락률로 인한 손실일 것입니다. 이러한 걱정을 덜 수 있는 투자가 바로 배당주 투자입니다.

배당(Dividend)이란?
소유 지분에 따라 주주들에게 기업이 이윤을 분배하는 것

주식을 산다는 건 해당 기업에 '투자'를 했다는 뜻입니다. 기업의 이윤이 발생하면 투자자에게 이윤을 나눠주는 것을 '배당'이라고 하며 보통 다른 기업보다 배당을 꾸준히, 그리고 많이 하는 주식을 주식시장에서는 '배당주'라고 합니다. 배당주 투자가 왜 좋을까요?

① 저금리 시대에는 배당 수익률이 은행 이율을 앞지른다
② 기업들이 과거에 비해 배당을 많이 늘리고 있다
③ 배당을 많이 하는 기업은 재무적으로 우량한 경우가 많다
④ 배당수익과 주가의 시세차익(매매수익)을 동시에 얻을 수 있다
⑤ 주가가 떨어져도 배당수익으로 손해를 메꿀 수 있다

✦ 정센세의 꿀Tip

• **주식 초보자에게 추천하는 적금 대신 사용 가능한 배당 종목**

맥쿼리OOO

*검색을 통해 종목을 찾아보세요

사회기반시설에 투자하는 기업으로 도로, 터널, 항만, 대교 등을 만들고 통행료를 걷습니다. 대표적으로는 우면산터널, 인천국제공항고속도로, 인천대교, 천안-논산고속도로, 백양터널, 용인-서울고속도로 등이 있습니다. 이 기업이 왜 가장 안전한 배당주로 각광받을까요?

① 통행료는 경기변동과 상관없이 실적을 유지할 수 있다

② 실적이 꾸준하므로 주가 변동폭이 매우 낮다

※ 매매차익 메리트는 적은 편!

③ 꾸준한 실적을 바탕으로 주주들에게 높은 배당금을 준다

※ 현재 배당수익률 6% 이상으로 매매차익 메리트는 없지만 배당 메리트가 있음

주식은 심리게임이다
계좌관리법

우리는 종종 사람의 심리로 투자의 성과가 좌우되는 경우를 볼 수 있습니다. 떨어지는 사과를 보고 만유인력의 법칙을 깨달은 천재 과학자 아이작 뉴턴Isaac Newton도 주식투자를 했지만, 기대와 달리 뉴턴은 주식투자로 대부분의 재산을 날린 것으로 알려져 있습니다. 천재 과학자 뉴턴의 사례로 주식 투자자들의 심리를 파악해봅시다.

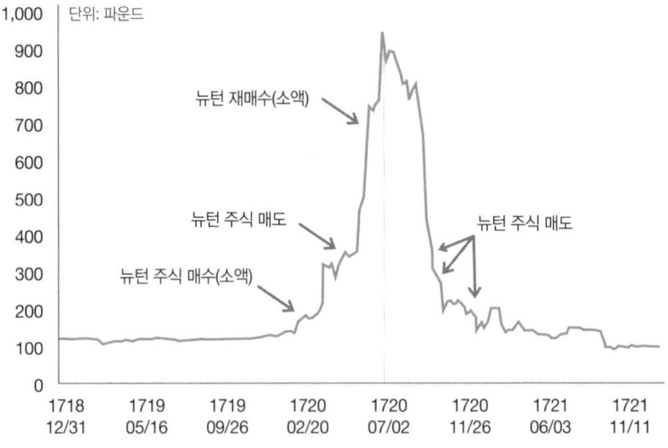

자료: Marc Faber, The Gloom, Boom&Doom Report.

뉴턴과 같은 투자심리는 2008년 금융위기, 2018년 비트코인 열풍 때도 나타났습니다. 주식 격언 중 "무릎에서 사서 어깨에서 팔라"는 말이 있지만, 저점·고점은 고사하고 무릎과 어깨조차 구분하기 힘듭니다. 그렇다면 어떤 식으로 주식투자를 해야 심리적으로 휘둘리지 않을 수 있을까요?

◆ 휘둘리지 않는 계좌관리법

주식계좌는 은행 통장처럼 여러 개 생성이 가능합니다. 기본적으로 주식계좌 2개를 만든 후, 단기계좌와 장기계좌로 나눕니다.

A주식계좌 단기투자계좌 (1일~3개월 보유종목)
B주식계좌 장기투자계좌 (3개월 이상 보유종목)

장기계좌는 오래 보유할 유망한 종목을 찾아 적금처럼 매달 매수합니다. 단기계좌에는 얼마를 넣든 상관이 없지만 총 자산의 5% 이상은 넣지 않고 단기적으로 보유할 종목 위주로 투자합니다.

만약 단기계좌에서 수익이 났다면, 수익의 절반은 장기계좌로 옮겨 장기적인 종목을 매수합니다. 단기계좌에서 손실이 나도 손실 부분을 메꾸기 위해 돈을 채우지 마세요. 남은 돈으로 투자합니다.

이런 식으로 계좌를 관리하면 고위험 종목에 짧게 투자하는 단타매매를 절제할 수 있으며 단기계좌 수익의 절반을 장기계좌로 옮김으로써 어느 정도 수익 보존도 가능합니다.

주식투자 시 유의사항

✦ 당신의 직업은 전업투자자가 아니다

주식을 시작한 뒤 수시로 주가 변동을 확인하느라 하루 종일 주식창을 들여다보지는 않나요? 주변에 주식투자를 하는 사람들이 있다면 이런 광경을 많이 봤을 것입니다.

당연히 주 업무에 대한 능률은 떨어지고 그날그날 주식 수익률에 따라 기분이 좌우됩니다. 주객이 전도 되는 현상이 벌어지는 것입니다. 명심하세요. 주식은 재테크의 일종이지 당신의 직업이 아닙니다.

데이트레이딩Day Trading 같은 단타매매가 아닌 이상 주식창을 계속 보고 있을 필요는 없습니다. 주식창을 보는 것은 주식시장이 열리는 오전 9시쯤 한 번, 주식시장이 마감되는 오후 3시쯤 한 번. 하루에 두 번이면 충분합니다. 여유를 가지고 투자하세요. 온종일 주식창만 보다가는 더 큰 것을 잃는 경우가 많습니다.

✦ 존버(무작정 버티기)는 망하는 지름길

손해가 나면 돈을 잃는 것이 싫어서 무작정 버티면서 오르길 기다

리는 사람들이 있습니다. 만약 10% 손실이라면 버티고 버텨서 다시 10% 오르면 원금이 될까요?

기준 : 1,000만 원

손익률	투자 후 금액	원금 회복 필요 수익률
-10%	9,000,000	11%
-20%	8,000,000	25%
-30%	7,000,000	43%
-40%	6,000,000	67%
-50%	5,000,000	100%

50% 손실이라면 50%가 아닌 100%의 수익이 나야 원금이 됩니다. 이래도 '존버'를 외치실 건가요? 합리적인 선택으로 해당 주식을 갖고 있는 것인지 단순히 손실이 싫어서 '존버'를 외치는 것인지 확인하는 방법을 알려드립니다.

Q1. 당신이 갖고 있는 A기업의 주식은 현재 수익률은 -50%입니다. 이 기업의 주식을 그대로 보유할 것인가요? 매도할 것인가요?

① 보유한다

② 매도한다

→ ①번을 선택한 사람이라면 2번 문제를 풀어보세요.

Q2. 당신은 50% 손실인 A기업 주식을 갖고 있기로 했으나 실수로 매도했습니다. 다시 A기업을 매수할 것입니까?

① 다시 매수한다

② 매수하지 않는다

1번 질문에서는 '보유한다'를 선택했으면 2번 질문에서도 '다시 매수한다'를 선택해야 합니다. 만약 1번 질문에서 '보유한다'를 선택했으나 2번 질문에서 '다시 매수하지 않는다'를 선택했다면 해당 기업의 미래를 부정적으로 바라보는 것이며 1번 질문에서 보유하겠다고 답변한 것은 손실을 보기 싫어서 무작정 '존버'를 외친 것이라고 볼 수 있습니다. 만약 당신의 주식 종목이 손해가 나고 있다면, 이 질문을 되새기며 올바른 판단을 하길 바랍니다.

♦ 자신만의 투자원칙을 세우고 지키자

투자에서 가장 중요한 것은 자신만의 투자원칙을 세우고 지키는 것입니다. 특히나 주식처럼 변동폭이 큰 투자군의 경우 투자원칙이 없다면 수익률에 일희일비하고 그릇된 정보에 휩쓸려 잘못된 투자를 하기 쉽습니다. 지금부터는 투자의 근간이 되는 몇 가지 원칙을 소개하겠습니다.

① 자신이 모르는 기업에는 투자하지 말 것

② 목표 수익률을 높게 잡을수록 위험률은 높아진다는 사실을 명심할 것

③ 자신만의 손절 기준을 세울 것

④ 남의 말만 믿고 투자하지 말 것

⑤ 투자금액을 한번에 높이지 말 것

⑥ 내가 산 종목의 뉴스를 하루에 한 번은 검색 해 볼 것

• (예시) 주식 투자 리스트

종목명	맥쿼리인프라	삼성바이오로직스	
투자 이유	배당받기 위해 꾸준히	6월 코스피200지수 편입 예상	
투자 금액	매달 300,000원	10,000,00원	
투자 날짜	2016.02~	2017.03.06	
전체 주식 투자금 대비 비중		20%	
목표 수익률	년 배당 6%	15%	
예상 매도 시기	2025	2017.07	
실제 매도 시기		2017.11.20	
실현 수익률		135%	
원금+수익 금액		23,500,000원	
매도 이유		목표수익 초과, 이익실현	

✦ 매일 적는 소비·저축달력

월

Sun	Mon	Tue
○ 저축 ○ 소비	○ 저축 ○ 소비	○ 저축 ○ 소비
○ 저축 ○ 소비	○ 저축 ○ 소비	○ 저축 ○ 소비
○ 저축 ○ 소비	○ 저축 ○ 소비	○ 저축 ○ 소비
○ 저축 ○ 소비	○ 저축 ○ 소비	○ 저축 ○ 소비
○ 저축 ○ 소비	○ 저축 ○ 소비	○ 저축 ○ 소비

Wed	Thu	Fri	Sat
	○저축 ○소비	○저축 ○소비	○저축 ○소비
	○저축 ○소비	○저축 ○소비	○저축 ○소비
	○저축 ○소비	○저축 ○소비	○저축 ○소비
	○저축 ○소비	○저축 ○소비	○저축 ○소비
	○저축 ○소비	○저축 ○소비	○저축 ○소비

✦ 매일 적는 소비·저축달력

월

Sun	Mon	Tue
○ 저축 ○ 소비	○ 저축 ○ 소비	○ 저축 ○ 소비
○ 저축 ○ 소비	○ 저축 ○ 소비	○ 저축 ○ 소비
○ 저축 ○ 소비	○ 저축 ○ 소비	○ 저축 ○ 소비
○ 저축 ○ 소비	○ 저축 ○ 소비	○ 저축 ○ 소비
○ 저축 ○ 소비	○ 저축 ○ 소비	○ 저축 ○ 소비

Wed	Thu	Fri	Sat
	○ 저축 ○ 소비	○ 저축 ○ 소비	○ 저축 ○ 소비
	○ 저축 ○ 소비	○ 저축 ○ 소비	○ 저축 ○ 소비
	○ 저축 ○ 소비	○ 저축 ○ 소비	○ 저축 ○ 소비
	○ 저축 ○ 소비	○ 저축 ○ 소비	○ 저축 ○ 소비
	○ 저축 ○ 소비	○ 저축 ○ 소비	○ 저축 ○ 소비

월

Sun	Mon	Tue
○ 저축 ○ 소비	○ 저축 ○ 소비	○ 저축 ○ 소비
○ 저축 ○ 소비	○ 저축 ○ 소비	○ 저축 ○ 소비
○ 저축 ○ 소비	○ 저축 ○ 소비	○ 저축 ○ 소비
○ 저축 ○ 소비	○ 저축 ○ 소비	○ 저축 ○ 소비
○ 저축 ○ 소비	○ 저축 ○ 소비	○ 저축 ○ 소비

Wed	Thu	Fri	Sat
축 비	○ 저축 ○ 소비	○ 저축 ○ 소비	○ 저축 ○ 소비
축	○ 저축 ○ 소비	○ 저축 ○ 소비	○ 저축 ○ 소비
축	○ 저축 ○ 소비	○ 저축 ○ 소비	○ 저축 ○ 소비
	○ 저축 ○ 소비	○ 저축 ○ 소비	○ 저축 ○ 소비
	○ 저축 ○ 소비	○ 저축 ○ 소비	○ 저축 ○ 소비

✦ 매일 적는 소비·저축달력

월

Sun	Mon	Tue
ㅇ저축 ㅇ소비	ㅇ저축 ㅇ소비	ㅇ저축 ㅇ소비
ㅇ저축 ㅇ소비	ㅇ저축 ㅇ소비	ㅇ저축 ㅇ소비
ㅇ저축 ㅇ소비	ㅇ저축 ㅇ소비	ㅇ저축 ㅇ소비
ㅇ저축 ㅇ소비	ㅇ저축 ㅇ소비	ㅇ저축 ㅇ소비
ㅇ저축 ㅇ소비	ㅇ저축 ㅇ소비	ㅇ저축 ㅇ소비

Wed	Thu	Fri	Sat
축 비	ㅇ저축 ㅇ소비	ㅇ저축 ㅇ소비	ㅇ저축 ㅇ소비
축 비	ㅇ저축 ㅇ소비	ㅇ저축 ㅇ소비	ㅇ저축 ㅇ소비
축	ㅇ저축 ㅇ소비	ㅇ저축 ㅇ소비	ㅇ저축 ㅇ소비
	ㅇ저축 ㅇ소비	ㅇ저축 ㅇ소비	ㅇ저축 ㅇ소비
	ㅇ저축 ㅇ소비	ㅇ저축 ㅇ소비	ㅇ저축 ㅇ소비

✦ 매일 적는 소비·저축달력

월

Sun	Mon	Tue
○ 저축 ○ 소비	○ 저축 ○ 소비	○ 저축 ○ 소비
○ 저축 ○ 소비	○ 저축 ○ 소비	○ 저축 ○ 소비
○ 저축 ○ 소비	○ 저축 ○ 소비	○ 저축 ○ 소비
○ 저축 ○ 소비	○ 저축 ○ 소비	○ 저축 ○ 소비
○ 저축 ○ 소비	○ 저축 ○ 소비	○ 저축 ○ 소비

Wed	Thu	Fri	Sat
축 비	○ 저축 ○ 소비	○ 저축 ○ 소비	○ 저축 ○ 소비
축 비	○ 저축 ○ 소비	○ 저축 ○ 소비	○ 저축 ○ 소비
축	○ 저축 ○ 소비	○ 저축 ○ 소비	○ 저축 ○ 소비
	○ 저축 ○ 소비	○ 저축 ○ 소비	○ 저축 ○ 소비
	○ 저축 ○ 소비	○ 저축 ○ 소비	○ 저축 ○ 소비

✦ 매일 적는 소비·저축달력

월

Sun	Mon	Tue
○ 저축 ○ 소비	○ 저축 ○ 소비	○ 저축 ○ 소비
○ 저축 ○ 소비	○ 저축 ○ 소비	○ 저축 ○ 소비
○ 저축 ○ 소비	○ 저축 ○ 소비	○ 저축 ○ 소비
○ 저축 ○ 소비	○ 저축 ○ 소비	○ 저축 ○ 소비
○ 저축 ○ 소비	○ 저축 ○ 소비	○ 저축 ○ 소비

Wed	Thu	Fri	Sat
	○ 저축 ○ 소비	○ 저축 ○ 소비	○ 저축 ○ 소비
	○ 저축 ○ 소비	○ 저축 ○ 소비	○ 저축 ○ 소비
	○ 저축 ○ 소비	○ 저축 ○ 소비	○ 저축 ○ 소비
	○ 저축 ○ 소비	○ 저축 ○ 소비	○ 저축 ○ 소비
	○ 저축 ○ 소비	○ 저축 ○ 소비	○ 저축 ○ 소비

✦ 매일 적는 소비·저축달력

월

Sun	Mon	Tue
ㅇ저축 ㅇ소비	ㅇ저축 ㅇ소비	ㅇ저축 ㅇ소비
ㅇ저축 ㅇ소비	ㅇ저축 ㅇ소비	ㅇ저축 ㅇ소비
ㅇ저축 ㅇ소비	ㅇ저축 ㅇ소비	ㅇ저축 ㅇ소비
ㅇ저축 ㅇ소비	ㅇ저축 ㅇ소비	ㅇ저축 ㅇ소비
ㅇ저축 ㅇ소비	ㅇ저축 ㅇ소비	ㅇ저축 ㅇ소비

Wed	Thu	Fri	Sat
	ㅇ저축 ㅇ소비	ㅇ저축 ㅇ소비	ㅇ저축 ㅇ소비
	ㅇ저축 ㅇ소비	ㅇ저축 ㅇ소비	ㅇ저축 ㅇ소비
	ㅇ저축 ㅇ소비	ㅇ저축 ㅇ소비	ㅇ저축 ㅇ소비
	ㅇ저축 ㅇ소비	ㅇ저축 ㅇ소비	ㅇ저축 ㅇ소비
	ㅇ저축 ㅇ소비	ㅇ저축 ㅇ소비	ㅇ저축 ㅇ소비

✦ 매일 적는 소비·저축달력

월

Sun	Mon	Tue
○ 저축 ○ 소비	○ 저축 ○ 소비	○ 저축 ○ 소비
○ 저축 ○ 소비	○ 저축 ○ 소비	○ 저축 ○ 소비
○ 저축 ○ 소비	○ 저축 ○ 소비	○ 저축 ○ 소비
○ 저축 ○ 소비	○ 저축 ○ 소비	○ 저축 ○ 소비
○ 저축 ○ 소비	○ 저축 ○ 소비	○ 저축 ○ 소비

Wed	Thu	Fri	Sat
축 비	○ 저축 ○ 소비	○ 저축 ○ 소비	○ 저축 ○ 소비
축 비	○ 저축 ○ 소비	○ 저축 ○ 소비	○ 저축 ○ 소비
축 비	○ 저축 ○ 소비	○ 저축 ○ 소비	○ 저축 ○ 소비
축	○ 저축 ○ 소비	○ 저축 ○ 소비	○ 저축 ○ 소비
	○ 저축 ○ 소비	○ 저축 ○ 소비	○ 저축 ○ 소비

✦ 매일 적는 소비·저축달력

월

Sun	Mon	Tue
○저축 ○소비	○저축 ○소비	○저축 ○소비
○저축 ○소비	○저축 ○소비	○저축 ○소비
○저축 ○소비	○저축 ○소비	○저축 ○소비
○저축 ○소비	○저축 ○소비	○저축 ○소비
○저축 ○소비	○저축 ○소비	○저축 ○소비

Wed	Thu	Fri	Sat
축 비	○ 저축 ○ 소비	○ 저축 ○ 소비	○ 저축 ○ 소비
축 비	○ 저축 ○ 소비	○ 저축 ○ 소비	○ 저축 ○ 소비
축 비	○ 저축 ○ 소비	○ 저축 ○ 소비	○ 저축 ○ 소비
	○ 저축 ○ 소비	○ 저축 ○ 소비	○ 저축 ○ 소비
	○ 저축 ○ 소비	○ 저축 ○ 소비	○ 저축 ○ 소비

✦ 매일 적는 소비·저축달력

월

Sun	Mon	Tue
○ 저축 ○ 소비	○ 저축 ○ 소비	○ 저축 ○ 소비
○ 저축 ○ 소비	○ 저축 ○ 소비	○ 저축 ○ 소비
○ 저축 ○ 소비	○ 저축 ○ 소비	○ 저축 ○ 소비
○ 저축 ○ 소비	○ 저축 ○ 소비	○ 저축 ○ 소비
○ 저축 ○ 소비	○ 저축 ○ 소비	○ 저축 ○ 소비

Wed	Thu	Fri	Sat
축 비	○ 저축 ○ 소비	○ 저축 ○ 소비	○ 저축 ○ 소비
축 비	○ 저축 ○ 소비	○ 저축 ○ 소비	○ 저축 ○ 소비
축 비	○ 저축 ○ 소비	○ 저축 ○ 소비	○ 저축 ○ 소비
	○ 저축 ○ 소비	○ 저축 ○ 소비	○ 저축 ○ 소비
	○ 저축 ○ 소비	○ 저축 ○ 소비	○ 저축 ○ 소비

✦ 매일 적는 소비·저축달력

월

Sun	Mon	Tue
○ 저축 ○ 소비	○ 저축 ○ 소비	○ 저축 ○ 소비
○ 저축 ○ 소비	○ 저축 ○ 소비	○ 저축 ○ 소비
○ 저축 ○ 소비	○ 저축 ○ 소비	○ 저축 ○ 소비
○ 저축 ○ 소비	○ 저축 ○ 소비	○ 저축 ○ 소비
○ 저축 ○ 소비	○ 저축 ○ 소비	○ 저축 ○ 소비

Wed	Thu	Fri	Sat
축 비	○저축 ○소비	○저축 ○소비	○저축 ○소비
축 비	○저축 ○소비	○저축 ○소비	○저축 ○소비
축 비	○저축 ○소비	○저축 ○소비	○저축 ○소비
축 비	○저축 ○소비	○저축 ○소비	○저축 ○소비
축 비	○저축 ○소비	○저축 ○소비	○저축 ○소비

✦ 매일 적는 소비·저축달력

월

Sun	Mon	Tue
○ 저축 ○ 소비	○ 저축 ○ 소비	○ 저축 ○ 소비
○ 저축 ○ 소비	○ 저축 ○ 소비	○ 저축 ○ 소비
○ 저축 ○ 소비	○ 저축 ○ 소비	○ 저축 ○ 소비
○ 저축 ○ 소비	○ 저축 ○ 소비	○ 저축 ○ 소비
○ 저축 ○ 소비	○ 저축 ○ 소비	○ 저축 ○ 소비

Wed	Thu	Fri	Sat
	○ 저축 ○ 소비	○ 저축 ○ 소비	○ 저축 ○ 소비
	○ 저축 ○ 소비	○ 저축 ○ 소비	○ 저축 ○ 소비
	○ 저축 ○ 소비	○ 저축 ○ 소비	○ 저축 ○ 소비
	○ 저축 ○ 소비	○ 저축 ○ 소비	○ 저축 ○ 소비
	○ 저축 ○ 소비	○ 저축 ○ 소비	○ 저축 ○ 소비

✦ 소비 습관 점검을 위한 일 년 가계부

상반기					1월	2월
IN 소득		급여/사업소득				
		인센티브				
		기타소득				
		합계				
OUT 지출	OUT1	저축 및 투자	단	비상금		
				예·적금		
			중	펀드		
				주식		
				기타		
			장	주택청약		
				목돈마련		
				개인 연금		
		합계				
		고정지출	주거	*월세		
				*공과금		
			부채	*대출이자		
				대출원금		
			보험	손해보험		
			기타			
		합계				
	OUT2	변동지출	교통비	*주유		
				대중교통		
				**택시비		
			통신비	핸드폰		
				소액결제		
			기타	경조사		
		합계				
		소비지출	**신용카드	사용액		
				할부금		
			현금	체크카드		
				현금		
		합계				
		순수 생활비	(소비지출+택시비+소액결제) – 변동지출			

3월	4월	5월	6월

◆ 소비 습관 점검을 위한 일 년 가계부

하반기					7월	8월
IN 소득		급여/사업소득				
		인센티브				
		기타소득				
		합계				
OUT 지출	OUT1	저축 및 투자	단	비상금		
				예·적금		
			중	펀드		
				주식		
				기타		
			장	주택청약		
				목돈마련		
				개인 연금		
		합계				
		고정지출	주거	*월세		
				*공과금		
			부채	*대출이자		
				대출원금		
			보험	손해보험		
			기타			
		합계				
	OUT2	변동지출	교통비	*주유		
				대중교통		
				**택시비		
			통신비	핸드폰		
				소액결제		
			기타	경조사		
		합계				
		소비지출	** 신용카드	사용액		
				할부금		
			현금	체크카드		
				현금		
		합계				
		순수 생활비	(소비지출+택시비+소액결제) − 변동지출			

9월	10월	11월	12월

✦ 일 년에 한 번, 머니 정산

단위: 만 원

date 20　　.　　.　　~ 20　　.　　.

○ 시작 자산 ___________　　○ 현재 자산 ___________

1년 세부표

○ 소득금액 : 급여____________, 상여_______, 성과_______, 기타_______

○ 저축금액 : 단기_________, 중기_________, 장기_________, 기타_________

○ 고정지출 : 통신_____, 교통______, 보험_____, 대출이자/월세_____, 기타_____

○ 소비지출 : 소득금액__________ - (저축금액________ + 고정지출________)

1년 종합표

○ 총 소득금액 : ₩________________

○ 총 저축금액 : ₩________________

○ 총 고정지출 : ₩________________

○ 총 소비지출 : ₩________________

월별 평균표

○ 월별 평균 소득금액 : 총 소득금액 ÷ 12 = ₩____________

○ 월별 평균 저축금액 : 총 저축금액 ÷ 12 = ₩____________

○ 월별 평균 고정지출 : 총 고정지출 ÷ 12 = ₩____________

○ 월별 평균 소비지출 : 총 소비지출 ÷ 12 = ₩____________

머니정산 감상평

◆ 장외채권 투자표

종목명			
구분			
신용등급			
이자지급 구분/주기			
표면금리			
은행예금환산 금리/세후연평균 수익률			
투자기간/만기일			
투자금액			
만기 시 예상 수익금			

✦ 신문 제대로 읽어보기

날짜	이주의 이슈	투자 활용 노트

✦ 신문 제대로 읽어보기

날짜	이주의 이슈	투자 활용 노트

✦ 펀드 투자 리스트

펀드명			
투자 이유			
투자 금액			
투자 날짜			
목표 수익률			
예상 환매 시기			
실제 환매 시기			
실현 수익률			
원금+수익 금액			
환매 이유			

♦ 펀드 투자 리스트

펀드명			
투자 이유			
투자 금액			
투자 날짜			
목표 수익률			
예상 환매 시기			
실제 환매 시기			
실현 수익률			
원금+수익 금액			
환매 이유			

✦ ETF 투자 리스트

ETF			
투자 이유			
투자 금액			
투자 날짜			
목표 수익률			
예상 매도 시기			
실제 매도 시기			
실현 수익률			
원금+수익 금액			
매도 이유			

✦ ETF 투자 리스트

ETF			
투자 이유			
투자 금액			
투자 날짜			
목표 수익률			
예상 매도 시기			
실제 매도 시기			
실현 수익률			
원금+수익 금액			
매도 이유			

✦ 주식 투자 리스트

종목명			
투자 이유			
투자 금액			
투자 날짜			
전체 주식 투자금 대비 비중			
목표 수익률			
예상 매도 시기			
실제 매도 시기			
실현 수익률			
원금+수익 금액			
매도 이유			

✦ 주식 투자 리스트

종목명			
투자 이유			
투자 금액			
투자 날짜			
전체 주식 투자금 대비 비중			
목표 수익률			
예상 매도 시기			
실제 매도 시기			
실현 수익률			
원금+수익 금액			
매도 이유			

◆ 돈이 되는 메모

✦ 돈이 되는 메모

✦ 5년차 <주식투자 무작정 따라하기> 독서 감상표

밑줄 그으며 읽었던 내용

이것만은 기억하자

실천해 본 내용

✦ 1억을 만들기까지 ________ 의 참고 문헌

ex. 〈난생처음 재테크〉 정환용 저/매일경제신문사/2017

돈이 있으면 행복은 50%에서 시작한다.
돈이 없으면 행복은 0%에서 시작한다.
나를 알게 된 모든 사람들이 행복의 가능성을 높이길 바라며.

정환용

페이스북 10만 팔로워를 보유한 '정환용의 부의방정식' 페이지 주인장이자, 더블유에셋 명예이사, 유안타증권 투자권유대행인으로 활동 중이다. 재무설계사로 일하며 갈고닦은 재테크 팁을 페이스북에 카드뉴스로 올리기 시작해 2030 젊은 층에게 큰 호응을 얻었다.

그동안 올린 카드뉴스 내용을 풀어 한 권으로 엮은 첫 책 《부의 방정식》은 SNS세대에 맞는 스마트한 재테크 공식과 함께 2030 젊은 직장인들이 생활 속에서 부딪히는 질문 37가지를 뽑아 친절하게 답변했다. 후속작 《난생처음 제태크》는 긴 글과 표 대신 카드뉴스 형식을 그대로 적용해 '난생처음' 재테크를 접하는 사회초년생들에게 '할 수 있다'는 희망을 주었다. 재테크를 시작할 때 꼭 해야 할 일과 해서는 안 될 일, 통장 잔고 0원에서 시작할 수 있는 통장 관리법과 같은 기본적인 습관부터, 돈을 불리기 위해 알아야 할 다양한 금융상품에 대한 실용적인 팁까지 담고 있다.

앞선 두 권의 책이 재테크에 첫발을 내딛기 위한 정보를 담고 있다면, 아는 것에 그치지 않고 공부한 내용을 실천하고 실질적으로 '1억'이라는 돈을 모을 수 있도록 돕기 위해 이 책을 썼다. 5년이라는 기간 동안 천천히, 하지만 확실하게 재테크 전문가가 될 수 있도록 도와줄 것이다.

책에서 못 다한 이야기는 SNS와 오프라인 강연 등을 통해 활발하게 소통 중이다. 2019년 3월부터 유튜브 채널을 운영할 예정이며, 《1억노트》 활용법도 유튜브 채널에서 만나볼 수 있다.

카카오톡·유튜브 — 정센세
페이스북 — www.facebook.com/2030boo
블로그 — blog.naver.com/88boo

이 책을 덮는 당신이

1억보다 값진 가치를 찾았기를!

1억 노트

ISBN 979-11-5542-945-7